Centra i ciała subtelne

Aura, Splot słoneczny, Centrum Hara, Czakry

Tytuł oryginału francuskiego:

»Centres et corps subtils –
aura, plexus solaire, centre Hara, chakras...«

Edition originale:
© 1985, Wydawnictwo Prosveta S.A
B.P. 12 – 83601 Frejus Cedex (Francja)
ISBN: 978-2-85566-310-4

Produkcja: Interpress, Węgry

ISBN 978-3-89515-419-5

Omraam Mikhaël Aïvanhov

Centra i ciała subtelne

Aura, Splot słoneczny, Centrum Hara, Czakry

Kolekcja Izvor – tom 219

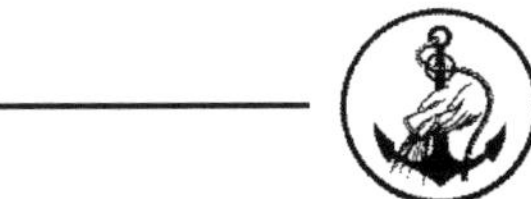

WYDAWNICTWO PROSVETA
Niemcy

Spis treści

Czytelnik lepiej zrozumie pewne aspekty tekstów Omraama Mikhaela Aivanhova, zaprezentowane w tym tomie, jeśli zechce pamiętać, że chodzi tu o ściśle ustną Naukę.

Omraam Mikhaël Aïvanhov w 1945 roku

1

Ewolucja człowieka i rozwój organów duchowych

Posiadamy ciało fizyczne, które składa się z organów. Nawet małe dzieci to wiedzą: zapytajcie je gdzie są ich oczy, pokażą wam; buzię, uszy, nos, małe nóżki także wam pokażą. Później, w szkole uczą się, że człowiek posiada pięć zmysłów (wzrok, węch, słuch, smak i dotyk), wszystkie mające dobrze określone funkcje: funkcja e i odczucie dotyku nie są takie same jak smaku albo wzroku, itd.

Wszelkie związki człowieka ze światem oparte są na pięciu zmysłach i dlatego człowiek chce maksymalnie korzystać z ich możliwości, a przede wszystkim mnożyć doznania, których dostarczają mu oczy, uszy, skóra, itd... Niektóre z doznań są bardziej potrzebne inne mniej i bardziej lub mniej intensywne. Weźmy na przykład smak: kto zaprzeczy bogactwu i różnorodności doznań dostarczanych przez ten zmysł, zwłaszcza gdy przygotowuje się smaczny posiłek? A dotyk... Kiedy mężczyzna z kobietą pieszczą się doznają wrażeń o dużej intensywności; mówi się nawet, że to przyjemność seksualna wywołuje najsilniejsze doznania, co w istocie jest bardzo wątpliwe. Ogólnie mówiąc, tak, to prawda, ale nie dla wszystkich: niektórzy artyści o wielkiej wrażliwości wzroku lub słuchu doznają najintensywniejszych wrażeń dzięki kolorom lub dźwiękom, o wiele większych niż w akcie seksualnym, który często pozostawia ich obojętnymi i zimnymi.

Większość ludzi nie jest jeszcze dość rozwinięta, można więc powiedzieć, że dotyk, (do którego można zaliczyć seksualność) i smak są jeszcze dzisiaj dwoma zmysłami, które rządzą światem. Wzrok, słuch i węch mają mniejsze znaczenie. Są ludzie, dla których zapachy, dźwięki i kolory są obojętne, chyba, że jest to w ich interesie. Podobnie jak u zwierząt, u których zapach, słuch i wzrok są nadzwyczaj rozwinięte, bo potrzebują ich do obrony i poszukiwania pożywienia.

Mówię wam tu o rzeczach, które już znacie, żeby zwrócić wasza uwagę na wnioski, których z pewnością nigdy jeszcze nie wyciągnęliście. Od tysięcy lat ludzie ćwiczą się w mnożeniu i rozwijaniu swoich doznań i odczuć przy korzystaniu z pięciu zmysłów, a tę grę na klawiaturze pięciu zmysłów nazywają kulturą i cywilizacją. Jest to trochę ubogie. Jaki by nie był stopień udoskonalenia, który mogą osiągnąć, pięć zmysłów pozostaną na zawsze ograniczone, bo należą tylko do planu fizycznego i zgłębią jedynie plan fizyczny. Natura przewidziała więcej klawiszy w tej klawiaturze... tak, szósty, siódmy, ósmy zmysł, o całkiem innej intensywności, o innej sile. Lecz obecnie ludzie ograniczyli się do pięciu zmysłów, nie chcą uznać, iż istnieją inne dziedziny do zbadania, do zobaczenia, do osiągnięcia i do oddychania. Nic dziwnego, że nie mogą doznawać nowych wrażeń, bardziej rozwiniętych, bogatszych i subtelniejszych. Jak wytłumaczyć, że nie dając żadnego pożywienia pięciu zmysłom, niektórzy doznają wrażeń prowadzących ich aż do ekstazy: poszerzenie świadomości, wrażenie pełni, wielkości, nieskończoności?

Powinno się wytłumaczyć ludziom, że starając się gromadzić i wzmacniać jedynie swoje wrażenia fizyczne spotkają się z wielkim rozczarowaniem, gdyż te wrażenia są ograniczone. Dlaczego? Ponieważ każdy organ jest wyspecjalizowany; pełni określoną funkcję i dostarcza jedynie takich wrażeń, które odpowiadają jego naturze. Aby doznawać nowych wrażeń trzeba organów wykorzystać też inne organy, które także posiadamy.

Obserwujcie ludzi: mają możliwość wszystko zobaczyć, wszystkiego spróbować, wszystkiego dotknąć, wszystko kupić, a mimo to zawsze im czegoś brakuje. Dlaczego? Bo nie wiedzą, że aby poznać pełnię, doznać wrażeń o naprawdę wyjątkowej sile i bogactwie, trzeba zacząć od tego, aby nie polegać jedynie na pięciu zmysłach. W tej dziedzinie ludzie Wschodu są zdolni do eksperymentów absolutnie nie do pomyślenia dla ludzi Zachodu. W Indiach albo na przykład w Tybecie niektórzy jogini mieszkają w ziemi w wydrążanej dziurze. W tej ciemności, w absolutnej ciszy nie ma żadnego pożywienia dla pięciu zmysłów, które jogin może wywołać przez medytację. I kiedy zmysły przestają funkcjonować, nie absorbują już energii psychicznej przeznaczonej dla centrów subtelnych; a więc budzą się one i jogin zaczyna widzieć, słyszeć, odczuwać, dotykać elementy fluidyczne w wyższych rejonach. Oto, do jakiego celu dążą te wyjątkowe istoty i niektórzy całe lata rezygnują z wrażeń wizualnych, słuchowych i węchowych, itp... całkowicie zatrzymując ruch. Zachowują tylko myślenie; ale z czasem nawet myślenie zatrzymują, żeby żyć w całkowitej komunii z Boskością.

Bóg złożył w duszy człowieka możliwości, które powodują, że życie zbyt zwrócone w kierunku zewnętrznym przeszkadza w rozwoju. Zresztą, co robicie medytując? Zamykacie oczy, aby móc skierować waszą uwagę do wnętrza... Chciałbym jednak w tym względzie coś sprecyzować. Medytując, nie pozostawajcie zbyt długo z zamkniętymi oczyma, inaczej – jako że nie jesteście jeszcze joginami hinduskimi – ryzykujecie zaśnięciem. Od czasu do czasu otwórzcie oczy na krótką chwilę, nie pozwalając, aby to, co was otacza odwróciło waszą uwagę, zamknijcie je znowu i otwórzcie na nowo... Oczywiście, aby medytować radzi się na ogół zamykać oczy, bo pomaga to w odizolowaniu się, w koncentracji, nie pozwala na odwrócenie uwagi. Ale jak zbyt długo ma się zamknięte oczy, pojawia się senność...

To jest tak: otwierając oczy budzi się, zamykając – przygotowuje się do spania. Jest to proces zarejestrowany w mózgu od milionów lat, a natura, która jest wierna i prawdziwa, mówi: „Zamykacie oczy? To oznacza, że chcecie spać. Bardzo dobrze, zajmiemy się tym". I oto jesteście zanurzeni w... głębokiej „medytacji"! Przeciwnie, gdy otwieracie oczy, to jest sygnał do obudzenia się: wszystko się uruchamia, zaczyna funkcjonować, mózg, ramiona, nogi... Tak, mały, nic nie znaczący ruch, otwarcie oczu uruchamia cały świat!

Ta kwestia otwierania i zamykania oczu jest bardzo ważna. Czasami mówią wam: „Ale otwórzcie oczy!" To tylko sposób mówienia, bo wasze oczy są otwarte, a więc o jakich oczach mówimy? Otóż o innych oczach, bardziej przenikliwych, które mają spojrzenie o wiele głębsze i bardziej duchowe. Oczy waszego ciała są otwarte, tak, ale macie też inne oczy, a te są zamknięte. Jednak, czasem spostrzega się, że istnieją i że mogą się otworzyć.

Aby jednak móc otworzyć te duchowe oczy, które widzą bardziej subtelne aspekty rzeczywistości, trzeba zamknąć oczy fizyczne. Innym razem jest przeciwnie: zamykając oczy fizyczne, zamyka się także oczy duchowe, a otwierając oczy fizyczne otwiera się oczy duchowe. Widzicie, są to niuanse bardzo subtelne. Powoli dojdziecie do rozróżniania tego wszystkiego i będziecie się tym posługiwać w codziennym życiu.

Ludzie Zachodu doprowadzili do perfekcji życie z pięcioma zmysłami. Wyobrażają sobie, że w ten sposób wszystko poznają... będą szczęśliwi. Znają wiele rzeczy, to prawda doznają wielu wrażeń, ale pięć zmysłów pochłania całą ich energię psychiczną i nic nie pozostaje dla strony duchowej. Na Zachodzie ludzie zbytnio żyją doznaniami fizycznymi i nie mają więcej energii, by skupić się na innych zdolnościach, które mogliby w sobie obudzić. Zbyt dużo doznań! „Żyje się"... Oczywiście żyje się, ale jest to życie, które przysłania inne, prawdziwe życie. Powinniście to zrozumieć i zdecydować się wyeliminować wiele doznań, które przeszkadzają w prawdziwym postrzeganiu rzeczy.

W dzisiejszych czasach coraz bardziej rozpowszechnia się używanie narkotyków... Przez pragnienie uniknięcia bezbarwności w życiu codziennym coraz więcej ludzi szuka od czasu do czasu ucieczki w opium, haszyszu, marihuanie, kokainie heroinie. Wszyscy ci, którzy używają tych narkotyków doznają pewnego odczucia jasnowidzenia, jasno słyszenia, itd..., które mogą im dać złudzenie stanu wyższej świadomości. Ale mylą się i na dłuższą metę trącą nawet swoje zdolności intelektualne i rujnują swoje zdrowie. Oczywiście odradza się tych narkotyków – mimo iż są używane na Wschodzie czy w Ameryce Południowej – ze względu na ich wysoki stopień szkodliwości dla systemu nerwowego.

Hindusi i Tybetańczycy mają dużą wiedzę o zielarstwie, jest to wiedza, którą przekazuje się od tysięcy lat. Podobno niektóre z roślin, gdy się je spożywa pozwalają żyć tygodniami bez jedzenia, dzięki innym można pozostawać całe dni i noce w śniegach Himalajów bez odczuwania zimna. Tak mi powiedziano, nie sprawdzałem tego, ale jest to możliwe. Wierzę w moc działania ziół. Istnieją także bardzo silne preparaty, dzięki którym można wywołać rozdwojenie jaźni i wizje. Czyta się w niektórych książkach, że w Średniowieczu znano maści, i balsamy, którymi czarownice smarowały sobie ciało idąc na Sabat. W rzeczywistości nie chodziło o ciało fizyczne tylko o astralne. Niektórzy medycy dowiedli prawdziwości tego zjawiska. Odtworzyli skład receptur, które były bardzo trudne do dokładnego zrekonstruowania, z braku jasnych wskazówek. Po przetestowaniu ich stwierdzili, że do wszystkich tych maści dodawano substancje podniecające, które prowokowały rozdwojenie jaźni.

Ale pozostawmy tę kwestię. Nadmieniłem o tym tylko po to, aby wam powiedzieć, iż istnieją substancje wyjątkowo silne, które umożliwiają dojście do planów bardziej subtelnych niż plan fizyczny, ale substancje te są często bardzo trujące. Dlatego radzę wam nigdy się nimi nie posługiwać. Najlepszym rozwiązaniem jest szukać wszystkich tych doznań: pełni, wolności, lekkości, radości, dylatacji w sposób duchowy. Oto jest królewska droga. Prawdziwi uczniowie nie liczą na nic z zewnątrz, oni wiedzą, że Bóg złożył w nich wszystkie skarby, i całe bogactwo, wszystkie substancje wszystkich laboratoriów i wszystkich aptek wystarczy tylko ich poszukać i stosować. Byłoby szkoda pozostawać dziesięć, lub dwadzieścia lat w szkole inicjacyjnej nigdy nie nauczywszy się doceniać wartości bogactwa, które posiadacie

Każdy organ zmysłowy dostarcza jakąś część wiedzy o świecie i ciekawe jest zanotować jak te zmysły są zhierarchizowane. Dotyk dotyczy tego, co jest stałe, nie dotyka się tego, co jest gazowe ani eteryczne, mniej dotyczy to ciał płynnych, ale przede wszystkim chodzi o stałe. Smak odnosi się do płynów. Powiecie: „Ależ nie, kiedy wkładam do ust cukierka jest stały, a mimo to i dla tego mam uczucie słodkości..." Odpowiem wam, że nie dość dobrze zgłębiliście tę kwestię: smak działa pod warunkiem, że to, co wkładacie do ust stanie się płynem dzięki ślinie. Weźmy teraz węch. Jest to zmysł, który odbiera zapachy, to znaczy emanacje ę gazowe ą. Nos odbiera więc jeszcze bodźce materii, jednakże jest to materia bardziej subtelna, której cząsteczki unoszą się w powietrzu. Następnie słuch, tu już nie ma cząsteczek materii, ale tylko fale i wibracje. Podobnie jest ze wzrokiem. Jest on niemal w świecie eterycznym. A więc widzicie jak te zmysły są usystematyzowane: od najzwyklejszych do najbardziej subtelnych.

Jeśli teraz chcemy zgłębić świat astralny, nie można już posługiwać się pięcioma zmysłami. Potrzebny jest inny zmysł, który byłby zaadaptowany, to znaczy zdolny do odbioru jeszcze bardziej subtelnej materii. Wszyscy ci, którzy nie rozwinęli jeszcze tego szóstego zmysłu, nie mogą wiedzieć, iż istnieje inna materia, inny obszar i nie podejrzewają, że przez wszechświat przemierzają inne wibracje, które mogą nam dostarczyć o wiele większych i intensywniejszych doznań. Żeby dotknąć przedmiot trzeba być całkiem blisko, żeby go posmakować – także. Aby czuć zapach, można już być w pewnej odległości. Żeby uchwycić dźwięk, odległość może być jeszcze większa, a dla wzroku jeszcze większa, bo oczy są tak zbudowane, aby możliwe było otrzymywanie wskazówek i informacji z bardzo daleka. Znowu widzimy jak natura bardzo inteligentnie ustanowiła hierarchię między pięcioma zmysłami. Ale na tym nie poprzestała i teraz inne zmysły powinny nam pozwolić na kontakt z regionami jeszcze większymi i bardziej oddalonymi.

Jak długo człowiek nie rozwinie organów, dzięki którym mógłby nawiązać kontakt z obszarami i istotami o wiele bardziej rozwiniętymi, nie pozna wiele. Będzie mówić będzie pisać tłumaczyć krytykować, osądzać, ale będzie zawsze w błędzie, ponieważ pozna jedynie część rzeczywistości. Jeśli chce poznać całą rzeczywistość trzeba, żeby ćwiczył budzenie innych uzdolnień, które zawsze posiadał, a które są uśpione w oczekiwaniu na ich wykorzystanie. W bardzo odległych czasach, kiedy człowiek nie panował jeszcze całkowicie nad swoim ciałem fizycznym, tradycja inicjacyjna opowiada, że zawsze żył w rozdwojeniu, poza swym ciałem... Następnie, kiedy jego duch zaczynał stopniowo wcielać się w materię, rozwinął zdolności, które pozwalały mu pracować nad tą materią (pięciu zmysłów), jednakże równocześnie osłabił zmysły mediumiczne – ale ich nie zatracił, ciągle je posiada.

Spójrzcie na dzieci. W całym okresie do siódmego roku życia nie są jeszcze całkowicie w swoim ciele fizycznym; odzwierciedlają okres, w którym była ludzkość na tym etapie ewolucji. W tym okresie ludzie rozmawiali z duchami natury i duszami zmarłych, porozumiewali się z nimi, spotykali je, a kiedy sami umierali nie wiedzieli czy umarli czy są żywi. Świat niewidzialny, świat duchów był dla nich największą rzeczywistością; unosili się w atmosferze jakby byli niematerialni i tylko od czasu do czasu wchodzili do ciała fizycznego. W tych warunkach nie byli absolutnie przygotowani do pracy nad materią. Tak więc ich ewolucja musiała przejść przez ten etap. Obecnie ludzie osiągnęli nadzwyczajne zdolności intelektualne, aby panować nad materią, ale równocześnie zapomnieli o istnieniu świata duchowego, przerwali z nim kontakt. U niektórych pozostało jeszcze wspomnienie, intuicja, ale większość zapomniała.

Istnieją dwie formy poznania: intelektualna i duchowa, tak więc lepiej jest jeśli można rozwinąć obydwie. Nie należy nigdy zapominać, że sama natura, to znaczy Inteligencja kosmiczna ma swoje spojrzenie na ewolucję ludzkości. Przewidziała ona rozwój istoty ludzkiej w dwóch kierunkach: materii i ducha. Ale ponieważ równoczesny rozwój w dwie strony w tym samym czasie jest bardzo trudny, dała człowiekowi wieki i tysiące lat, żeby poprzestawał na pracy tylko w jednym kierunku, pozostawiając jednak pewne otwarte drogi w inną stronę, żeby nie utrudniać jego rozwoju duchowego. Tak więc w obecnym czasie Duch kosmiczny zdecydował pozwolić ludziom rozwijać się w dziedzinie zmysłów: wzroku, słuchu, smaku, dotyku, itd... Pozwolił im zejść w materię, żeby ją posiąść, dotknąć ją, zbadać, poznać, a przede wszystkim pracować z nią.

Nie dziwcie się temu, bo jest to stan przejściowy. Istota ludzka jest zobowiązana schodzić coraz głębiej w materię, aby ją poznawać, tracąc równocześnie prawie wszystkie wspomnienia z ojczyzny niebiańskiej, gdzie żyła w odległych czasach. Tak też coraz lepiej poznając materię nabywa wielu doświadczeń, a przede wszystkim zaczyna opanowywać swoją własną materię. Chwilowo jest do tego zdolna tylko niewielka mniejszość, ale celem ziemskiej egzystencji człowieka jest zejść w ciało fizyczne, aby opanować swoje zdolności i posłużyć się nimi w pracy nad światem zewnętrznym.

Kiedy mówię, że duch ludzki „schodzi w materię" rozumiem przez to przede wszystkim ciało fizyczne, żeby się w nim zadomowić i zapanować nad nim. Następnie, kiedy już czuje się jak u siebie, z kolei on pracuje i działa na środowisko zewnętrzne. Tu także oddziałuje władczo na rzeczy: przemienia, buduje, burzy... Jest to okres inwolucji, zejścia w materię. Ale jako że Boży Duch ma wspaniałe projekty wobec istoty ludzkiej, nie pozwoli mu schodzić w nieskończoność, całkowicie się zapaść, stracić łączność z Niebem i zapomnieć o swoim pochodzeniu. Jeśli osiągnie wystarczające stadium panowania nad sobą, panowania nad swoim mózgiem, członkami i wszystkimi zdolnościami, oraz poznania wszystkich właściwości elementów, wówczas inne wpływy, inne siły i prądy zaczną go dźwigać, unosić i stopniowo odnajdzie zdolności, które w dalekiej przeszłości posiadał: pozna równocześnie materię i ducha.

W *Księdze Rodzaju* jest powiedziane, iż Adam i Ewa spożyli owoc z drzewa poznania dobra i zła. Oznacza to, że nie chcieli zadowolić się poznaniem ducha, ale chcieli też zejść w materię; zaczęli więc schodzić i oto, poprzez radość i cierpienia, zdrowie i choroby. Od milionów lat zgłębiają raczej zło. Od nich zależało czy zostaną w górze, w raju i będą jeść owoce z drzewa życia wiecznego, ale popychani ciekawością, chcieli zobaczyć, co było w dole i odtąd zaczęli cierpieć z zimna, ciemności, chorób i śmierci.

Lecz ludzkość kontynuuje jeszcze ciągle schodzenie... Niektóre religie nazywają to schodzenie „grzechem pierworodnym". Można także interpretować to zdarzenie jako naukę, której człowiek chciał się poświęcić. Tak, to drzewo poznania dobra i zła było konieczną nauką, nauką trudną, ponieważ człowiek musi stawić czoła coraz gęstszej materii. Ale co w tym złego? Wybrał schodzenie, aby się kształcić i zszedł. Teraz jest zanurzony w tej nauce aż po szyję i zdaje sobie sprawę, na jakie piekło się naraził. Chwilowo uczy się zła, ale pewnego dnia wzniesie się, aby uczyć się dobra.

Znam projekty i plany Inteligencji kosmicznej, wiem, że kiedy ludzie opanują i zdominują materię dzięki pięciu zmysłom, znowu zaczną swój wzlot w górę, żeby rozwinąć swoje zmysły duchowe. Tak więc ci, którzy chcą rozwijać się w drodze ewolucji zaczynają trochę ograniczać odczuwanie pięcioma zmysłami, żeby szukać odtąd w samych sobie. W nas jest głębia, bogactwo... trzeba tylko poszukać!

2

Aura

Części 1

Wszystko, co istnieje: ludzie, zwierzęta, rośliny, a nawet kamienie, emituje cząsteczki, wytwarza emanacje i tę atmosferę fluidyczną, subtelną, która otacza każdą rzecz, nazywamy właśnie aurą. Oczywiście nie jest ona widoczna, wyłączając jasnowidzących, a wielu ludzi nawet nie wie, że ona istnieje. Aura jest więc rodzajem aureoli otaczającej każdego człowieka z tą różnicą, iż u niektórych jest duża, rozległa, świetlista, potężna, posiada intensywne wibracje i wspaniałe kolory, podczas gdy u innych przeciwnie jest: mała, mętna, zatarta i brzydka.

Aurę można porównać do skóry. Znacie znaczenie skóry dla ciała fizycznego. Posiada ona wiele funkcji. Przede wszystkim funkcję ochronną, tak jak tarcza, jak pancerz: chroni przed uderzeniami, szkodliwymi substancjami, przed różnicą temperatur, itd... Spełnia ona także funkcję wymiany, gdyż skóra wchłania, oddycha i wydala. Skóra odgrywa wreszcie rolę aparatu odczuwania i to przez nią odczuwa się temperaturę, kontakt, ból. Itd... Lecz nie zajmę się tym, bo nie jest to moją dziedziną, a jeśli chcecie szczegółowych informacji, znajdziecie je w książkach o anatomii i fizjologii. Mnie interesuje porównanie skóry do aury. Aura ma te same funkcje, co skóra. Można powiedzieć, że jest to skóra duszy, to ona ją otacza, ochrania, to ona pozwala odczuwać, wreszcie to ona umożliwia przepływanie prądów kosmicznych, wymianę pomiędzy duszą człowieka, a wszystkimi stworzeniami, aż do gwiazd, pomiędzy duszą stworzenia, a Duszą uniwersalną.

Aurę można również porównać do atmosfery otaczającej Ziemię. Tak, to jest nadzwyczajne! Ziemia posiada ochronną kurtynę, swoją skórę. Jest ona trochę grubsza od naszej, to prawda, ale odgrywa taką samą rolę. Iluż to niebezpieczeństw unika Ziemia na swej drodze w przestrzeni kosmicznej dzięki swojej atmosferze! Wszystkie ciała niebieskie mogące spowodować katastrofy, gdy zbliżają się do Ziemi, zmuszone są najpierw napotkać warstwy atmosfery, w których często są niszczone. Atmosfera ochrania nas jeszcze przed innymi niebezpieczeństwami jak na przykład niektórymi promieniowaniami kosmicznymi, które byłyby dla nas śmiertelne, ale przechodząc przez warstwy atmosfery są neutralizowane przez elementy chemiczne, którymi jest ona nasycona.

Dzięki naszej aurze ma więc miejsce nieprzerwana wymiana pomiędzy nami, a siłami natury. Wszystkie wpływy kosmiczne, planetarne, i zodiakalne, które stale rozprzestrzeniają się w kosmosie docierają aż do nas i w zależności od jakości naszej aury, według jej wrażliwości, czystości i kolorów, które posiada, otrzymujemy taką, lub inną siłę, albo jej nie otrzymujemy. Tak więc aura symbolizuje nasze anteny, jest to przyrząd przechwytujący wiadomości, fale, siły przybywające do nas z kosmosu. Załóżcie teraz, iż są na świecie pewne szkodliwe wpływy. Jeżeli macie bardzo silną, pełną blasku, aurę, siły te nie mogą się przedrzeć i dotrzeć aż do waszej świadomości, aby was dosięgnąć, wstrząsnąć wami lub szkodzić wam. Dlaczego? Ponieważ zanim was dosięgną, najpierw muszą napotkać waszą aurę. Ta aura jest barierą, powiedzmy murem lub urzędem celnym na granicy, a w tym urzędzie są pracownicy, którzy nie przepuszczą nikogo bez sprawdzenia, co jest w bagażach, torbach, w samochodach. Celnicy ci działają poza nasza świadomością, ale mogą nas przestrzec. Rozróżnia się funkcje aury, lecz w rzeczywistości są one połączone: wrażliwość, wymiana i ochrona; wszystko to odbywa się w tym samym czasie.

Jakie są czynniki oddziałujące na kształtowanie się aury? Takie same jak na kształtowanie się skóry. Są skóry z grubsza ciosane, szorstkie i suche, a inne przeciwnie: są giętkie, delikatne, łagodne... Każdy, lub prawie każdy, zdolny jest od razu ocenić jakość skóry. A od czego zależy ta jakość? Od całego organizmu, od dobrego funkcjonowania zarówno fizjologicznego, jak i psychicznego. To sam człowiek kształtuje swoją skórę.

Tak, skóra wyjawia wiele spraw. Jeżeli jest ona naprawdę delikatna i duchowa, znaczy to, że człowiek jest duchowy, ponieważ nikt nie może ukształtować sobie skóry, która do niego nie pasuje. To właśnie człowiek, nieświadomie oczywiście, pracuje nad swoją skórą, i gdyby wiedział jak się do tego zabrać, mógłby nawet ją zmienić. Oczywiście jest to bardzo trudne, lecz możliwe, i bardzo ważne. Przeznaczenie człowieka zależy od jego skóry, ponieważ jego relacje z ludźmi, i ze światem zewnętrznym zależą od skóry. Mówię wam to, abyście się nad tym zastanowili. Każdy szczegół skóry ma pewne znaczenie. Nawet jej konsystencja (gładka, giętka, twarda, obwisła, miękka) odzwierciedla zalety i główną charakterystykę człowieka: jego odporność, wolę, działalność lub przeciwnie: jego słabość, lenistwo i jego ułomności.

Przeznaczenie człowieka, jego sukcesy, porażki, wszystko zależy od skóry. Już ściskając czyjąś rękę, o tak: „Dzień dobry! Jak się pan ma?" Można zauważyć jego główne zalety. Jeśli po znałoby się te relacje, ściskając jedynie dłoń, można by mieć prawidłową ocenę zalet i słabości kogokolwiek. Jednakże, ponieważ ściska się dłonie automatycznie, nie zauważając niczego... nic się nie odkrywa. Dłoń się ściska, aby nawiązać kontakt, dokonać wymiany z inną osobą, a w tej wymianie powinno się jej przekazać to, co się ma dobrego, a ona ze swojej strony powinna zrobić to samo. Jeżeli ten gest nic nie przynosi, to lepiej go nie robić.

Powróćmy jednak do aury. Jak wam przed chwilą powiedziałem, są to emanacje, ale nie tylko emanacje ciała fizycznego, gdyż emanacje ciała fizycznego byłyby niewystarczające do ukształtowania aury. Aura jest czymś bardziej kompleksowym, jest to kombinacja wszystkich emanacji, wszystkich naszych ciał subtelnych, a każde z nich – poprzez swoje szczególne emanacje – dorzuca nowe niuanse. Ciało eteryczne człowieka formuje aurę przenikającą aurę jego ciała fizycznego, a te aury: ciała fizycznego i eterycznego ujawniają jego zdrowie i żywotność. Jego ciała: astralne i mentalne, poprzez swoją aktywność lub ich bierność, swoje zalety lub wady, dorzucają inne emanacje, inne kolory tej pierwszej aurze, i wyjawiają w ten sposób naturę jego odczuć i myśli. Jeżeli natomiast ciała: przyczynowe buddyczne i atmiczne są pobudzone – dorzucą jeszcze inne, bardziej świetliste kolory, inne silniejsze wibracje.

Emanacje właśnie tych trzech wyższych ciał kształtują ciało chwały, o którym wspomina święty Paweł w swoich *Epistołach.* Często wam o nich mówiłem. Nazywa się go również ciałem nieśmiertelności, ciałem światła lub ciałem Chrystusa. Gdy w momencie swojego przeistoczenia na Górze Tabor Jezus ukazał się wraz z Mojżeszem i Eliaszem swoim uczniom: Piotrowi, Jakubowi i Janowi, był tak bardzo promienny i świetlisty, iż nie mogli wytrzymać tego blasku i upadli twarzą do ziemi. Według *Ewangelii „twarz Jego zajaśniała jak słońce, odzienie zaś stało się białe jak światło*" (Mateusz 17:2). To przeistoczenie było objawieniem się ciała chwały.

Ciało chwały, podobnie jak aura, jest emanacją istoty ludzkiej, lecz podczas gdy aura wyraża całość istoty – zarówno jej wady jak i zalety – to ciało chwały jest wyrazem najbardziej intensywnego życia duchowego. Dlatego też ciało chwały ujawnia się tylko u wielkich Mistrzów. To dzięki temu ciału, tak bardzo czystemu i świetlistemu, mogą oni uzdrawiać chorych, przynosić błogosławieństwo wszędzie tam, gdzie się pojawiają oraz mogą przemieszczać się w przestrzeni.

Tak więc aura jest syntezą wszystkich emanacji całego człowieka. Dlatego też gdy Wtajemniczony chce poznać jakąś osobę, nie koniecznie obserwuje jej wygląd zewnętrzny: jej fizjonomię, gesty, słownictwo, nie, stara się on raczej odczuć jej aurę. Wszystkie kolory, siły i fluidyczne emanacje, które ulatują z człowieka, a których nie może ani ukryć, ani kontrolować – oto, co obserwuje Wtajemniczony. Niektóre osoby są prawdziwymi artystami kamuflażu: doskonale panują nad swoimi gestami, swoim głosem, spojrzeniem i słownictwem. Jednakże nie wiedzą, że nie posiadają żadnej władzy nad subtelnymi objawami ich wewnętrznego życia. Ich myśli i uczucia tworzą kształty i kolory, nad którymi nie mają żadnej władzy, ani by je zmienić, ani by je ukryć. Dlatego dla prawdziwego Wtajemniczonego wszystko jest jasne: czy ludzie żyją w harmonii, czy w zamęcie, czy emanuje od nich coś budującego, korzystnego, ożywiającego, świetlistego, atmosfera, w której można się wzmocnić lub oczyścić, lub też przeciwnie: w której się grzęźnie. Wtajemniczony od razu to czuje. Nawet zdrowie jest widoczne poprzez aurę, ponieważ stan wątroby, płuc, mózgu, itd... Wszystko to odbija się w aurze.

Aura reprezentuje więc księgę, ale księgę o takiej subtelności, że trudno to sobie wyobrazić. Podobnie jak nie istnieją dwie osoby posiadające takie same linie papilarne, tak też nie istnieją dwie osoby posiadające taką samą aurę, gdyż aura przedstawia całość istoty ludzkiej.

Atmosfera ziemska jest przepojona wszystkimi emanacjami ludzi, zwierząt, roślin, kamieni, wód, gór i wszystkimi siłami przychodzącymi z planet i gwiazd. Tak samo jest z aurą ludzką: jest ona syntezą, bardzo obszerną i bardzo bogatą wszystkiego tego, co jest w człowieku. Zresztą minerały, rośliny i zwierzęta też mają aurę, ale jedynie aurę fizyczną. Minerały, metale i kryształy emanują pewne siły, które formują wokół siebie rodzaj małego, kolorowego pola magnetycznego.

W świecie roślin ciało eteryczne dorzuca swoją żywotność, swoją potrzebę wzrostu i powoduje, że ich aura jest intensywniejsza, bardziej żywotna od tej u minerałów. U zwierząt, aura jest jeszcze bogatsza, ponieważ mają one już ciało astralne, ciało pragnień. Ogólnie, nie zaczęły one jeszcze rozwijać swojego ciała mentalnego, poza niektórymi jak pies, koń, słoń, małpa... U których biologowie dostrzegają umiejętność myślenia. Jest to oczywiście myślenie elementarne, ale w sąsiedztwie ludzkim, ich ciało mentalne zaczyna się rozwijać, gdyż ludzie, opiekując się zwierzętami, kochając je i pielęgnując, przyczyniają się bardzo do ich ewolucji. Jeśli chodzi o ludzi, to obecnie, rozwijają oni swoje ciało mentalne w sposób fenomenalny: nie zawsze robią to w najkorzystniejszym dla siebie kierunku, ale ci, którzy potrafią kierować i panować nad swoją myślą, niezmiernie wzmacniają swoją aurę.

Jeśli chodzi o świętych, o proroków, o Wtajemniczonych, to poprzez adorację i swoją miłość wobec Stwórcy, rozwijają swoje ciało przyczynowe, ciało buddyczne i ciało atmiczne, które kształtują aurę o nadzwyczajnej świetności, o kolorach w nieustannym ruchu jak sztuczne ognie. Ich aura jest również bardzo rozległa, a nawet mówi się, iż aura Buddy rozciągała się na wiele mil. Tak, wielcy Mistrzowie zdolni są powiększyć swoją aurę, aby wziąć całą okolicę pod swoją opiekę i przeniknąć w tym samym czasie aurę wszystkich ludzi tam zamieszkujących, w celu przepojenia ich, żeby tchnąć w nich nowe życie. Nie mają oni innych pragnień, ani innych celów niż poszerzenie swojej aury, aby dotrzeć i wziąć pod swoje skrzydła – jak się to mówi – jak największą ilość ludzi. Oto ich ideał! Jest on wspaniały, szlachetny. To poprzez swoją aurę oczyszczają wokół siebie atmosferę, którą upiększają, oświecają i przywracają ludziom życie. Również poprzez nią, pracują nad nasionami i roślinnością i zmieniają prądy atmosferyczne. Tak, aura Wtajemniczonych jest czymś boskim!

Dzięki tej niezmierzonej aurze, która pozwala im dosięgnąć niezliczone obszary we wszechświecie, Wtajemniczeni osiągają głębokie zrozumienie spraw, które nie jest zrozumieniem intelektualnym. Dlatego wy również powinniście zaprzestać zajmować wasz intelekt działalnością, która nie daje wam ani wizji niebiańskich, ani błogosławieństw i powinniście pójść do przodu – dzięki aurze silnej i świetlistej – w kierunku subtelnych obszarów, gdzie nauczycie się jak Bóg stworzył świat i co napisał poprzez gwiazdy, góry, jeziora, ptaki, zwierzęta i rośliny. Lecz aby wzmóc intensywność, czystość i moc aury, podstawą jest posiadanie tego wysokiego ideału pracowania nad samym sobą, dokonywanie szlachetnych i prawych aktów, posiadanie czystych myśli i uczuć.

Ci, którzy uważają, iż rodzaj ich czynów, ich myśli i uczuć nie ma żadnego znaczenia, ponieważ moralność i religia są obecnie czymś przestarzałym, czego trzeba się pozbyć, oni to oszpecają swoją aurę i wytwarzają jedynie kolory przyćmione i brudne, wibracje chaotyczne i pozbawione harmonii, a inni podświadomie to czują i oddalają się od nich. Lubi się tylko to, co jest czyste, świetliste i harmonijne, a ten, kto chce być kochany musi zrozumieć, iż pozostaje mu jedynie pozwolić na przyjęcie do siebie czystych i świetlistych sił. Dla tych, którzy poszukują miłości, mocy lub światła, nie ma innej metody jak praca nad swoją aurą, aby usunąć przyćmione kolory, które – poprzez swoje wibracje – niszczą wszystko to, co jest dobre u innych. Wiecie o tym, że niektórzy pozostają obok was zaledwie przez pięć minut, a potem na darmo szukacie waszego natchnienia, radości i waszej wiary w Boga. Wszystko przepadło... Inni pozostają przy was pięć minut i już jesteście ożywieni, wasze stare komórki znikają i na nowo macie wiarę, na nowo czujecie uniesienie. Musicie wiedzieć, że przyczyną tych zmian jest ich aura.

Dlatego właśnie aura jest jak magiczny instrument w ręku Wtajemniczonych. Jako że jest ona ich częścią, to wszędzie tam, gdzie idą, ulepszają królestwo minerałów, roślin, zwierząt i ludzi. Nie kończy się to na tym. Dzięki swojej aurze, Mistrz pomaga nawet istotom niewcielonym jeszcze, których są miliardy i miliardy w przestrzeni kosmicznej... Tak, nawet tam, w innym świecie, jego aurze udaje się do nich dotrzeć. Znam tę sprawę, studiowałem ją. Mistrz polepsza przeznaczenie niezliczonej ilości istot w świecie astralnym i w świecie mentalnym. Podczas gdy na Ziemi zajmuje się tylko garstką ludzi, to po drugiej stronie, jest on nieprzerwanie w kontakcie z mnogością istot przybywających ogrzać się, oświecić przy jego aurze i wziąć trochę żywotności, aby się rozwijać.

Tak, prawdziwa praca wielkich Mistrzów nie ma miejsca tu, pośród ludzi, ale po drugiej stronie; ich praca jest o wiele bardziej intensywna, nawet, jeśli się tego nie widzi. Wielcy Mistrzowie, którzy z całego swojego serca, z całej swojej duszy i ducha, zrealizowali ten ideał służenia

Bogu, pobudzili swoje ciało przyczynowe i buddyczne, których wibracje docierają nawet do istot żyjących na innych planetach. W ten sam sposób Mistrzowie, którzy są na innych planetach docierają do istot ziemskich i w ten sposób dokonuje się wymiana nie tylko w systemie słonecznym, ale w całym kosmosie. Bóg nie ustanowił we wszechświecie ani limitu, ani granicy i jeśli mówi się, że miłość jest wszechpotężna, to dlatego, że może przebyć przestrzeń kosmiczną, aby dosięgnąć gwiazd i dotrzeć do najbardziej oddalonych istot.

Dlaczego zawsze przedstawia się świętych w aureoli wokół głowy? Dawniej istniała cała wiedza o kolorach, która objaśniała, że każda cnota wyraża się poprzez szczególny kolor i są to kolory wytwarzane przez cnoty, które formują aurę. Święci są istotami o wielkiej czystości, chcą przybliżyć się do Pana, połączyć się z nim, aby Go poznać, stać się tak jak On i w tym pragnieniu poznania uzyskują takie przenikniecie, taką mądrość, że żółto-złoty kolor ukazuje się z głębi nich samych i otacza ich. Istnieją różne rodzaje odcieni żółtego od bardzo delikatnego aż do żółto-złotego. Każdy odcień ma także swoje znaczenie i można by wiele o tym mówić, bo dotyczy to zagadnienia alchemii: jak przemienić całą materię we fluidyczne złoto.

Jeśli uczeń nie rozwija pewnych zalet i cnót, żeby się ochraniać, wrogowie wślizgują się do niego i nie może już się ich pozbyć. A więc jak się ochraniać? Pracując nad aurą, jej czystością, świetlistością, pięknem, siłą i potęgą. Każda z tych charakterystyk zależy od cnót, nad którymi człowiek pracował. Jeśli człowiek jest czysty, jego aura staje się jasna i przezroczysta. Jeśli jest inteligentny, jego aura staje się coraz bardziej świetlista. Gdy pędzi życie gwałtowne, jego aura niezwykle wibruje. Jeśli ma silną wolę staje się ona potężna. Gdy skupia się na sprawach duchowych, poszerza się i wzmacnia, staje się ogromna. A piękno, to znaczy piękno kolorów, zależy od harmonii między wszystkimi zaletami i cnotami. Aura ma jeszcze wiele niuansów, ale powiedziałem wam o najważniejszych.

Tak więc ci, którzy mają zawsze dobre myśli, wiarę, nadzieję, dobroć, czystość otrzymują wszystkie bogactwa natury i to, co jest złe nie może w nich wnikać. Są wówczas chronieni jak tarczą. I właśnie tarcza, którą noszą rycerze w bajkach nie jest niczym innym jak symbolem aury. A miecz rycerza? Są to promienie światła, które wychodzą z człowieka. Widzicie, są to dwa symbole. Aura, ten obszar, który otacza przedstawia zasadę żeńska; a myśl, która emanuje z człowieka, albo jego duch, który wznosi się w przestrzeni, przedstawiają zasadę męską, aktywną, dynamiczną. Te dwa symbole tarczy i miecza, które pochodzą z wczesnego Antyku przedstawiają dwie zasady: żeńską – aurę i zasadę męską, aktywną – myśl podtrzymywaną przez wolę, która leci jak strzała... Zresztą miecz, strzała, lanca są zawsze reprezentowane przez zasadę męską, aktywną. W astrologii strzelec, strzelający z łuku jest symbolem Wtajemniczonego, który wysyła swoją myśl. Strzela z łuku, żeby ochraniać miasto Wtajemniczonych, aby żaden wróg nie mógł wtargnąć.

Popatrzcie jak na planie fizycznym ludzie potrafili udoskonalić narzędzia i sprzęt, z którymi muszą pracować albo bronić się. Odkurzacze zastąpiły miotły, traktory zastąpiły wozy, czołgi, rakiety, a pociski strzały, lance i bagnety. Ale na planie duchowym ludzie pozostają biedni, bezbronni. A jednak istnieją różnego rodzaju środki i bronie. Wszystko, co można było znaleźć na planie fizycznym ma swój odpowiednik na planie duchowym. Na planie fizycznym skóra i ubrania ochraniają nasze ciało, a na planie duchowym rolę tę spełnia aura.

Nie istnieje lepsza ochrona niż czysta i świetlista aura. Oczywiście wszystkie przedmioty, figury i magiczne formuły wspominane w tradycji ezoterycznej mają swoją rację bytu, wszystkie mają głęboki sens, ale żadna formuła, żaden talizman nie jest tak bardzo silny jak aura. Przed zwróceniem się do duchów, a zwłaszcza duchów piekielnych Mag naznacza koło, żeby w nim wpisać, w środku, imiona Boga albo symbole; to koło przypomina aurę. Nie można bezkarnie wydawać polecenia duchom piekielnym, jeśli nie ma się wkoło siebie silnej aury. Zasadniczo można powiedzieć, że nie uzyska się rezultatów duchowych, jeśli nie ma się wokół siebie obronnego koła, to znaczy aury złożonej z cnót i sił boskich, które symbolizują imiona Boga wpisane w tym kole.

Lecz wielu ludzi eksperymentuje z magią bez poznania pochodzenia symboli, które stosuje i bez rozumienia sensu tego, co robią. Zadowalają się stosowaniem obrządków wskazanych w książkach nie myśląc, że trzeba także wewnętrznie oznaczyć koło i wpisać imię Boga, to znaczy uzyskać cnoty, które kształtują aurę z czystości, świętości, światła i z miłości. Ignorują to wszystko i dlatego mimo koła są bezbronni. To koło oznaczone jest tylko zewnętrznie; wewnętrznie nie są przygotowani, więc nie są chronieni.

Kiedy mówi się, że mag trzymając w ręku pałeczkę albo miecz staje w kole i odczytuje formuły z książki, tak właśnie jest, ale dla Wtajemniczonego wszystkie te szczegóły odpowiadają czemuś, co powinien najpierw posiadać w sobie. Wtajemniczony powinien przede wszystkim mieć pałeczkę magiczną wewnętrznie, także wewnętrznie miecz i książkę. Wtajemniczony czyta, a książka reprezentuje znajomość wszystkich sił i wszystkich duchów natury. Magiczna pałeczka albo miecz reprezentują wolę, z którą powinien działać. Jeśli nie ma tej pałeczki oznacza, że nie ma woli i że nie będzie mógł przywołać duchów.

Jak pracować z aurą? Można to robić na dwa sposoby. Najpierw przez świadomą wolę to znaczy koncentrując się na kolorach, wyobrażając sobie, że pływa się w najczystszych najbardziej świetlistych kolorach. Aby dokładnie poznać siedem kolorów, musicie posłużyć się pryzmatem. Kolory, które widzicie w naturze na kwiatach, ptakach nigdy nie są dokładnie takie jak światło słoneczne. Podczas gdy przez pryzmat zobaczycie, jakie są na prawdę: czerwony, pomarańczowy, żółty, zielony, niebieski i fioletowy... Możecie następnie zrobić ćwiczenie wyobrażając sobie, że kolory wychodzą z was i rozchodzą się w przestrzeni, że jesteście zanurzeni w tym świetle, w tych kolorach, że jesteście otoczeni świetlistą sferą i wysyłacie waszą miłość do całego wszechświata. Są to ćwiczenia tak bardzo przyjemne, że nie chcielibyście zaprzestać ich wykonywania.

Druga metoda, to pracowanie nad cnotami: czystością, cierpliwością, wyrozumiałością, szlachetnością, dobrocią, nadzieją, wiarą, pokorą, sprawiedliwością i bezinteresownością. Ta druga metoda jest najpewniejsza. Pracujecie nad cnotami, a to właśnie cnoty formują aurę. Możecie oczywiście połączyć te dwie metody, tak jest jeszcze lepiej. Poprzez cnoty dzieje się to w sposób naturalny; przez świadomą wolę – także, ale to mniej skuteczne, ponieważ przypuśćmy, że każdego dnia koncentrujecie się na aurze, ale równocześnie prowadzicie zwyczajne życie łamiąc prawa boże: z jednej strony budujecie, a z innej burzycie. Dlatego lepiej łączyć dwie metody: prowadzić przyzwoite, czyste i pełne miłości życie i równocześnie pracować świadomie nad aurą poprzez wyobraźnię.

Jak wam już powiedziałem, aura w miarę swojego rozwoju pozwoli wam, na łączenie się z wszystkimi regionami przestrzeni. Badajcie planety naszego systemu słonecznego: jedne od drugich oddalone są o miliony kilometrów, ale w rzeczywistości dotykają się, są połączone i tworzą jedność. Tak, tylko z pozoru są oddzielone. Weźmy przykład Ziemi: kontynenty zajmują określony obszar, ale wody są w stosunku do nich o wiele rozleglejsze; z kolei atmosfera gazowa, która otacza planetę, posiada wielokrotnie większą objętość; następnie, poza atmosferą Ziemia ma jeszcze obszerniejsze ciała: eteryczne, astralne, i mentalne... Ponieważ Ziemia jest stworzeniem żywym, inteligentnym, ma także duszę i ducha. A jako, że tak samo jest z innymi planetami widzicie, że wszystko wzajemnie się przenika. Ich ciała fizyczne są oddalone, ale ich aura, i ich emanacje łączą się. W ten sposób można wytłumaczyć w astrologii wpływy planetarne; dzięki ich aurze planety przenikają się i wpływają jedne na drugie oraz na istoty, którzy je zamieszkują.

Wiele spraw dotyczących aury nie jest jeszcze wytłumaczonych, ale najważniejsze jest, abyście się nauczyli zajmować swoją aurą tak jak zajmujecie się swoją skórą. Kąpiecie się i myjecie się, prawda?... W rzeczywistości z aurą jest to trochę trudniejsze: nie można zastosować płynów, kremów... Albo befsztyków, żeby ją złagodzić. Zresztą nawet dla skóry nie jest to najlepsze. Są kobiety, które nie myją sobie twarzy rzekomo, żeby nie niszczyć swojej cery. Jednakże nie ma nic wspanialszego niż woda! Zostawmy wszystkie te kosmetyki i kremy, które są nawet niebezpieczne: nie wiecie, co przenika przez pory.

Aktualnie ludzkość jest przyzwyczajona do ulepszania jedynie wyglądu, ale w przyszłości będzie się bardziej kłaść nacisk na stronę wewnętrzną i zamiast biegać do wszystkich ziemskich instytutów piękności, kobiety będą chodzić do instytutu piękności duchowej to znaczy będą pracować nad swoją aurą. To właśnie jest prawdziwy instytut piękności. Intensywna, świetlista aura upiększa i przynajmniej upiększa trwale. Kobieta wychodząca z instytutu piękności jest ładna przez dwadzieścia cztery godziny... Ale nazajutrz, jakiż „to stary obraz"! No tak, to dlatego, że polepszenie nie pochodziło z wnętrza:

wszystko, co nie pochodzi z wnętrza nie trwa długo.

Cząsteczki, które emanuje wielki Mistrz są żywe, intensywne, świetliste i mocne. Przenikając naszą aurę cząsteczki te przenikają nasze ciało i przemieniają naszą istotę. Ci, którzy z miłością otrzymali te emanacje, pewnego dnia zaczynają myśleć tak jak ich Mistrz, działać tak jak ich Mistrz i stają się wolni tak jak on. Oczywiście przychodzi to po latach... po latach, ale przychodzi. Niestety ludzie nie zważają nigdy na tę niewidzialną stronę. Liczą tylko na to, co można im pokazać albo dać do dotknięcia. Stronę niewidzialną lekceważą. A jednak jest ona tak bardzo potrzebna!

Tak więc zdecydujcie się na pracę nad aurą, a zrozumiecie wówczas wiele rzeczy. Kiedy jesteście zagniewani, toniecie w czerwonej barwie ognia, ale ciemnej, brudnej, bardzo różnej od różowo-czerwonej barwy miłości. Jeśli jednak nie macie wiary, nie żyjecie w pokoju, to niebieski kolor waszej aury jest matowy, brzydki; a więc im bardziej wasza wiara rośnie, tym bardziej niebieski przypomina kolor niebiański.

Każdego dnia wykonujcie takie ćwiczenie: weźcie pryzmat skierujcie go na słońce i zobaczcie jak światło przechodząc przez pryzmat rozszczepia się na siedem kolorów, a jeśli dobrze kontemplowaliście prawdziwe kolory, to potem zamknijcie oczy i wyobraźcie sobie, iż jesteście otoczeni fioletowym, niebieskim, zielonym itd... Lub też zacznijcie od czerwonego, aby dojść do fioletowego zatrzymując na kilka minut każdy kolor wokół was. Wykonując to ćwiczenie każdego dnia, uda wam się oczyścić i wzmocnić waszą aurę i poczujecie się tak dobrze, że sami będziecie zdziwieni. Nawet gdy ktoś z waszej rodziny lub z przyjaciół jest chory, nieszczęśliwy, zniechęcony i rzeczywiście chcecie mu pomóc, róbcie to samo z nim, posyłajcie mu najpiękniejsze kolory pryzmatu. Tak, ileż to ćwiczeń można robić z aurą i kolorami!

Wszystkie te ćwiczenia z kolorami możecie robić idąc rano na wschód słońca. Patrząc na słońce, widząc aurę, którą jest ono otoczone i jak kolory z niej wytryskują i rozchodzą się w przestrzeni mówcie: „Ja także chcę otoczyć moją istotę światłem złotym, niebieskim, fioletowym..." i kąpcie się długo w tej wspaniałości, w tych kolorach, kontemplujcie je, wyobrażajcie sobie, że rozchodzą się bardzo daleko, daleko i wszystkie stworzenia poruszają się w tej wspaniałej atmosferze, iż wszystkie pływają w tym świetle, są nim przeniknięte... A wasza aura stanie się dla nich błogosławieństwem. Uda wam się to, ponieważ granice nie istnieją. To tylko ludzie zawsze stwarzają sobie ograniczenia. Trzeba mieć ambicję, niedosyt dobra i mówić: „Dojdę aż tam!" Mistrz i bardzo rozwinięty uczeń wysyłają swoją miłość wszystkim stworzeniom, całemu wszechświatowi i ta miłość dochodzi jeszcze dalej niż gwiazdy... Dla niektórych jest to rzeczywistość! Wysyłają swoją miłość aż do gwiazd, a miłość gwiazd jak fala powraca i ogarnia ich i nurzają się w miłości, żyją w miłości kosmicznej.

Części 2

Jednym z zadań aury jest zapewnić wymianę między zewnętrznymi ciałami niebieskimi a tymi, które są w nas. Jeśli nasza aura jest nieczysta, ciemna, nie tylko że nie może odbierać dobrych prądów, ale zbiera złe. Mówi się, że istnieją planety dobroczynne i złowrogie. Ale dlaczego ta sama planeta działa na niektórych korzystnie, a na innych niesprzyjająco? To proste: Ten, który otrzymuje tylko złe wpływy nie jest przygotowany, żeby odbierać dobre. W zeczywistości wszystkie planety oddziałują korzystnie, a ich działanie na człowieka zależy od jego aury. Jeśli w jego aurze znajdują się elementy, które nie pozwalają korzystnym wpływom planety go przeniknąć prądy, które ta planeta wysyła zmieniają się, załamują się i wytwarzają efekty trujące. Podczas gdy aura jest czysta i silna, to wszystkie wpływy, nawet złe, stają się dla niego dobre.

Nie bądźcie zdziwieni, słysząc, że planety istnieją także w nas... Człowiek jest odbiciem wszechświata, wszystkie planety istnieją tak samo w nim jak i we wszechświecie, krążą one wokół jego wewnętrznego słońca. Jest wiele rzeczy do powiedzenia na ten temat. Ta wiedza była znana już w przeszłości, teraz jest prawie utracona, ale w przyszłości będzie na nowo nauczana.

Mars, Saturn, Uran, Pluton, są uważane za planety złowrogie; w rzeczywistości są takie przede wszystkim dla stworzeń, które nie pozwalają na przenikanie ich cnót. Zaletami Marsa są: wola, śmiałość, pragnienie pokonania trudności, osiągnięcie zamierzonego celu; złymi cechami są oczywiście: okrucieństwo, gwałtowność, potrzeba niszczenia. Zaletami Wenus są: piękno, wdzięk, delikatność, a cechami złymi: zmysłowość, lekkomyślność i niewierność. Są to dobre i złe aspekty tych planet, które przejawiają się w człowieku w zależności od tego, czy jego aura jest czysta albo zakłócona elementami, które właśnie przez powinowactwo przyciągają ich dobre albo złe wpływy.

Te prawa odnoszą się także do innych planet. To jakość naszej aury przyciąga zalety Saturna (cierpliwość, stateczność, pragnienie poznania), albo jego wady (smutek, upór, gorycz), cnoty Jowisza (wielkość, szlachetność, dobroć, łaskawość), albo jego wady (ambicja, próżność, pragnienie panowania nad innymi, a nawet ich niszczenia). Tak więc kwestia, którą stawia się przed uczniem, to umieć pracować nad swoją aurą, żeby otrzymywała tylko korzystne wpływy planet. Ponieważ przeciwnie do opinii większości astrologów, dobre lub złe wpływy planet na człowieka nie zależą wyłącznie od znaku i od Domu, w których te wpływy się znajdują ani od aspektów, które są między nimi; w zależności od stopnia ewolucji osoby, wpływy te będą się różnie przejawiać. Dlatego jest powiedziane: „gwiazdy nakłaniają, ale nie determinują".

Widzicie, że zagadnienie aury jest bardzo ważne. Jeśli wasza aura nie jest czysta, nie mogą was przeniknąć nie tylko dobre wpływy planet, ale także błogosławieństwa, które istoty anielskie posyłają na Ziemię; dzieje się tak z powodu wszystkich grubych warstw, które kryją waszą prawdziwą istotę. Kiedy chmury są gęste, zakrywają słońce, które nie może ani ogrzewać, ani oświetlać stworzeń. To samo dotyczy wszystkich osób zalęknionych, wzburzonych, pełnych gniewu i nienawiści: w ich aurze są chmury. Zresztą aura jest nieskończoną, subtelną wibracją, jest ożywiana szybkimi ruchami, stale zmienia się ona według naszych stanów świadomości lub nawet naszego stanu zdrowia. Człowiek posiada oczywiście stałą aurę, która pokazuje to, kim on jest w głębi, ale istnieją niuanse zmienne z chwili na chwilę. To jest tak jak z twarzą: w ciągu dnia przybiera różny wyraz bez zmiany nosa, czoła lub ust. Tak samo jest z aurą: składa się z pewnych promieniowań, z niektórych kolorów, które ukazują prawdziwą naturę człowieka, to, co nie zmieni się w ciągu jego życia, podczas gdy inne wibracje przychodzą i odchodzą, wyrażając stany przejściowe.

Tak więc ci, którzy pozwalają sobie na pewne emocje albo słabości, zakłócają bez przerwy swoją aurę i kiedy dobroczynne siły chcą wniknąć, żeby znaleźć w nich mieszkanie, jest to niemożliwe przez prawdziwy pancerz mętnych i matowych kolorów. Przypuśćmy, że wasze życie jest nierozsądne, i chaotyczne, wówczas wasza aura będzie przenikana przez tyle wirów i bezładnych wibracji, tak, że przestanie być wystarczająco silną osłoną, żeby oprzeć się atakom i wrogim działaniom niewidzialnego świata. Następnie, wymiany z wszechświatem i wszystkimi stworzeniami także nie będą harmonijne. Według prawa pokrewieństwa otrzymacie z wszechświata tylko to, co jest nieuporządkowane, chaotyczne i ciemne, a wszystko, co jest świetliste zostanie odrzucone. Światło przyciąga światło, a czystość – czystość. Dlatego, gdy wasza aura jest nieczysta, matowa, i chaotyczna, to wszystkie harmonijne, czyste i świetliste siły pozostaną na zewnątrz i wniknie w nią tylko to, co jest mętne i brzydkie, ponieważ pozwoli ona przejść jedynie temu, co jest do niej podobne. W Bułgarii mówimy: „Parchate osły zwęszą podobnego sobie na odległość siedmiu wzgórz”... I odnajdą się!

Jeśli wasza aura nie jest świetlista, to nie stanowi ani dobrej, zabezpieczającej zasłony, ani dobrego aparatu do postrzegania świata niewidzialnego i ukrytej strony rzeczy; nie macie wówczas ani intuicji ani przeczucia. Nie możecie także prowadzić wymian z Niebem, a istoty dalekich rejonów nawet nie spostrzegają waszego istnienia; istoty świata niewidzialnego, które zamieszkują bardzo wysoko nie widzą was. Jeśli jednak wasza aura jest świetlista, to was widzą. Jak? Przypuśćmy, że płyniecie nocą po oceanie; jeśli wasz statek nie jest oświetlony, nikt go nie zobaczy, ale gdy dajecie sygnały, jeśli wysyłacie sygnały świetlne, spostrzeże się was natychmiast i nawiąże się z wami kontakt. Jest to oczywiście obraz, ponieważ obecnie jest wiele innych sposobów, żeby nawiązywać kontakt, ale da on wam ideę tego, co chce wam wytłumaczyć.

Ziemia jest jak ocean, po którym żeglujemy nocą; jesteśmy w ciemności i jeśli nie wyślemy światła, sygnałów świetlnych z ciemności, to niewidzialne istoty, anioły i archanioły, nie spostrzegą nas. Trzeba więc wysyłać światło, a tym światłem jest aura, która go wysyła. Tak więc ten kto posiada bardzo świetlistą aurę, jest spostrzegany przez pracowników Nieba i jeśli ich wezwie, to mogą skierować się do niego z powodu jego światła. To także jest obraz... bo jeśli duchy anielskie chcą kogoś odnaleźć, dobrze wiecie, że mają wiele możliwości do dyspozycji. Od dawna mówi się, że Ziemia jest doliną łez, cierpienia i ciemności. Ależ tak, to nic dziwnego, jeśli ludzie są niezauważalni, gdy cierpią, jęczą, buntują się; nie wysyłają żadnego światła! Trzeba, żeby nadawali sygnały świetlne i to przez swoją aurę mogą je wysyłać.

Aura służy wam więc do przyciągnięcia uwagi istot niebiańskich, ale pozwala wam też mieć dostęp do rejonów, które zamieszkują. Żeby móc dojść do niektórych miejsc musicie mieć przepustkę, a jak ją otrzymacie, to drzwi się otworzą. Tak jest na planie fizycznym, ale i także na planie duchowym. Aby dostać się do niektórych rejonów świata niewidzialnego trzeba mieć przepustkę, którą jest aura i kolory, które zawiera. Tak więc, aby być przyjętym przez określony rejon trzeba posiadać w swojej aurze kolory tego rejonu. Jeśli na przykład posiadacie kolor żółtozłoty, będziecie przyjęci do w bibliotek natury i będą wam ujawnione wszystkie sekrety. Niebieski zaprowadzi was do rejonów muzyki albo religii, czerwony tam, gdzie będziecie mogli czerpać nawet esencje żywotności. Aura decyduje więc o przyjęciu do świata niewidzialnego. Kolory, które się tam ukazują są też przepustką do rejonów, które im odpowiadają, a duchy, które zamieszkują te rejony przyjmują was i przychodzą z pomocą.

Ale stan aury, jej czystość, jasność, zależą od sposobu życia człowieka. Jeśli pozwala on sobie na lenistwo wewnętrzne, na chaos, i na występki, to jego aura upodabnia się do bagna, skąd ulatniają się wszelkiego rodzaju niezdrowe wyziewy, które inni czują. Nawet jeśli nic nie widzą – ponieważ trudno jest widzieć aurę ludzką, chyba, że się jest jasnowidzącym – czują atmosferę ciężką, ciemną, jak przy bagnie. Podczas kiedy Wtajemniczony, Mistrz, który od wieków, od tysiącleci pracował nad rozwojem w sobie miłości, mądrości, czystości, i bezinteresowności, posiada ogromna aurę, do której stworzenia przychodzą się kąpać, gdzie czują się nakarmione, uspokojone, wzmocnione i pociągnięte w kierunku boskim. Dlatego uczniowie mogą otrzymywać dużo błogosławieństw od aury Mistrza, ale pod warunkiem, że są świadomi, bo jeśli nie są świadomi, to cokolwiek Mistrz by robił, oni pozostaną zamknięci na jej wpływ.

Tymczasem uczeń nie powinien zadowalać się korzystaniem z aury swojego Mistrza; on także musi pracować nad swoja własną aurą, aby jednak uczeń mógł nad nią pracować powinien zmienić swoje życie. Dopóki nie robi nic, aby zmienić swoje mierne, słabe życie i swoje głupie postępowanie, dopóty wszystkie ćwiczenia koncentrowania się na aurze, które będzie wykonywał nie na wiele się zdadzą. To dokładnie tak samo jak ze zdrowiem: jeśli zadowalamy się lekarstwami, nie zmieniając sposobu życia, lekarstwa będą tylko środkami łagodzącymi. Ale bardzo trudno jest skłonić ludzi, żeby zrozumieli, iż jedyną naprawdę skuteczną metodą jest zmiana ich sposobu życia.

Czysta aura przynosi poprawę początkowo w was samych; lecz przemienia ona również atmosferę wokół was i dlatego inni zaczynają was kochać: nawet nie wiedząc, dlaczego czują się przy was dobrze. W rzeczywistości to, co czują, to obecność świetlistych istot, które przyciąga wasza aura. Istoty niebiańskie lubią czyste kolory i kiedy spostrzegają człowieka otoczonego tym światłem i tymi kolorami przybywają do niego tak jak istoty ciemne idą do ludzi rozpustnych, złych i czynią ich odpychającymi dla otoczenia. Ale ludzie są tak bardzo nieświadomi, że nie wiedzą ani dlaczego, ani jak przyciągają dobre czy złe rzeczy.

Aura jest światem zorganizowanym, zhierarchizowanym. Tak jak Drzewo Życia jest podzielona na rejony, w których zamieszkują archanioły, anioły, duchy natury, ale także istoty piekielne. Zależy to od życia człowieka. Ten, którego zamieszkują świetliste istoty, postrzegany jest poprzez nadzwyczajne umiejętności jasnowidzenia, jasnosłyszenia, leczenia... czyni on cuda!! Podczas gdy o tym, który przyciąga istoty złowrogie, mówi się, że jest opętany, pozostaje pod złym urokiem...

Tak więc jest dużo pracy, którą trzeba wykonać na sobie samym w ciągu długich lat, żeby uczynić ze swojej aury antenę zdolną przyciągać ze wszechświata wszystko to, co naprawdę jest dobre i korzystne. Jeśli was pytam: „Czy zależy wam naprawdę na waszym zdrowiu, na waszym pięknie, na waszym pokoju, na waszym szczęściu? Czy zależy wam naprawdę, żeby być kochanym?" Odpowiecie: „Ależ tak, ależ tak, chcemy tylko tego!" a więc dlaczego nie robicie nic, aby to otrzymać? Wszystkie te korzyści nie mogą wam spaść tak, przypadkiem. Najlepszym sposobem, żeby je przyciągnąć jest praca nad aurą: poprzez miłość ożywiacie ją, poprzez mądrość czynicie ją bardziej świetlistą, poprzez siłę waszego charakteru czynicie ją mocną, a poprzez czyste życie czynicie ją przejrzystą i jasną. Zalety, które dajecie waszej aurze zależą od cnót, które potraficie rozwinąć.

Nie należy sądzić, że rozwijając jedną cnotę otrzymacie wszystkie korzyści. Nie, każda rzecz jest określona we wszechświecie i każda cnota przyciąga jedną określoną korzyść. Mówienie wam o wszystkich niuansach byłoby zbyt długie, ale możecie sami zastanowić się nad nimi. Jeśli potraficie obserwować, powinniście zauważyć to w bardzo prostych sytuacjach życiowych. Ktoś mówi, wyraża się z siłą i przekonaniem, a to przekonanie wpływa na innych. Ale zanalizujcie dobrze jego słowa, może zdacie sobie sprawę, że powiedział dużo głupstw. Przeciwnie, są osoby inteligentne, które mówią inteligentnie, ale brakuje im zdolności przekonywania: ich się nie słucha. Siła perswazji to jedna rzecz, a inteligencja to druga! Tak samo różne cnoty, dają aurze różne zalety. Powinniście to przemyśleć i zrozumieć, że pracując każdego dnia nad wzbogacaniem waszej aury nowymi zaletami, otrzymacie to, czego sobie życzycie.

3

Splot słoneczny

Części 1

System współczulny składa się z uporządkowanych piętrami z góry do dołu centrów, wychodząc od mózgu, aż do podstawy rdzenia kręgosłupa i części peryferyjnej, złożonej z grupy nerwów i zwojów nerwowych, które są między sobą powiązane poprzez sieci zwojów nerwowych, zwanych splotami. Jednym z nich jest splot słoneczny, położony na poziomie żołądka.

Sploty systemu współczulnego są rozdzielone następująco:

- 3 pary splotów wewnątrz-czaszkowych umieszczone na kanale nerwu trójdzielnego,
- 3 sploty szyjne w powiązaniu z sercem,
- 12 par splotów piersiowych w powiązaniu z płucami i splotem słonecznym,

- 4 pary splotów lędźwiowych w powiązaniu ze splotem słonecznym i poprzez splot słoneczny z żołądkiem, jelitem cienkim, wątrobą, trzustką, nerkami,
- 4 pary splotów Gasser'a w połączeniu zodbytnicą, organami płciowymi i pęcherzem.

Oto więc mamy 26 par. Ta liczba 26 nie jest dana przypadkiem. Kabaliści powiedzą wam, że jest to liczba 4 liter imienia Boga:

יהוה gdzie י = 10, ה = 5, ו = 6, ה = 5.

To nadzwyczajne stwierdzić, że imię Boga jest zbudowane według takich samych praw jak te, które rządzą strukturą systemu współczulnego.

2 grupy 3 par splotów wewnątrz-czaszkowych i szyjnych są połączone ze światem duchowym i odpowiadają psychologicznej stronie natury.

12 par splotów piersiowych jest połączonych ze światem duchowym; odpowiadają one stronie fizjologicznej natury.

2 grupy 4 par splotów lędźwiowych i Gasser'a są w połączeniu ze światem fizycznym; odpowiadają stronie anatomicznej natury.

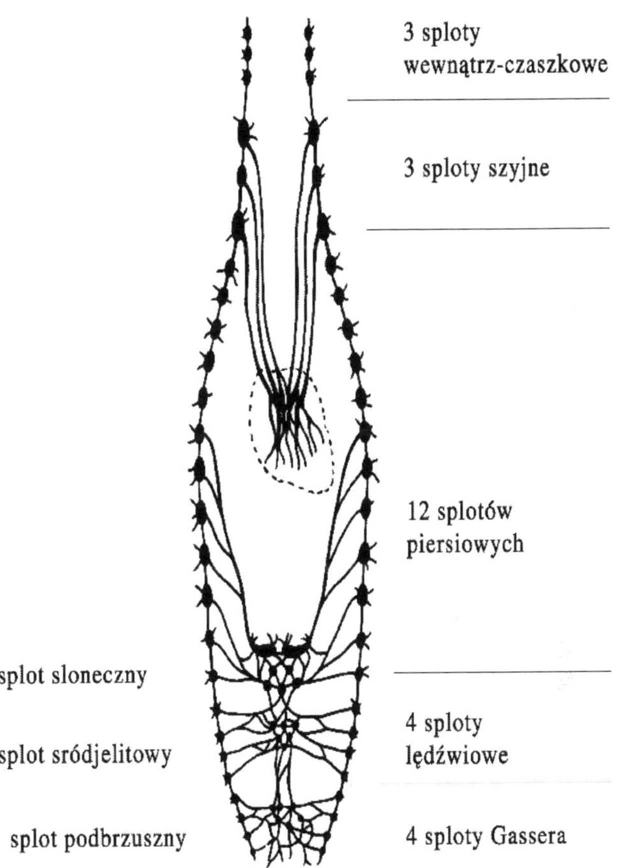

lancuch splotów układu wspòlczulnego

Przestudiujmy każdą z grup w szczegółach:

2 razy po 3 pary splotów wewnątrz-czaszkowych: 3 jest liczbą Boskości. Jest to liczba Kabały, ponieważ Kabała odkrywa nam czynniki, zasady, które działają we wszechświecie. Kabała odpowiada na pytanie: „kto": kto stworzył? kto działa?

12 par splotów piersiowych: 12 jest liczbą Natury rządzonej przez gwiazdy; jest to liczba astrologii (12 konstelacji zodiakalnych), która bada wpływy ciał niebieskich, funkcje organów ciała kosmicznego. Astrologia jest połączona z krążeniem i oddychaniem. Punkt Barana (równonoc wiosenna) na przykład, cofa o jeden stopień co 72 lata; otóż jest to także liczba uderzeń serca na minutę. Dla oddychania normą jest 18 ruchów na minutę, a 18 jest w rzeczywistości ¼ z 72. Astrologia odpowiada na pytanie: „kiedy"?

2 razy 4 pary splotów lędźwiowych i Gasser'a: 4 jest liczbą alchemii, bo reprezentuje 4 stany materii: ziemię, wodę, powietrze i ogień. Alchemia odpowiada na pytanie: „co"?

Te 26 par splotów systemu współczulnego są więc podzielone na 5 grup. Te 5 grup splotów są powiązane z 5 cnotami przedstawionymi w pentagramie: czystość, sprawiedliwość, miłość, mądrość i prawda. (Patrz dwa następne schematy.)

Centra i ciała subtelne

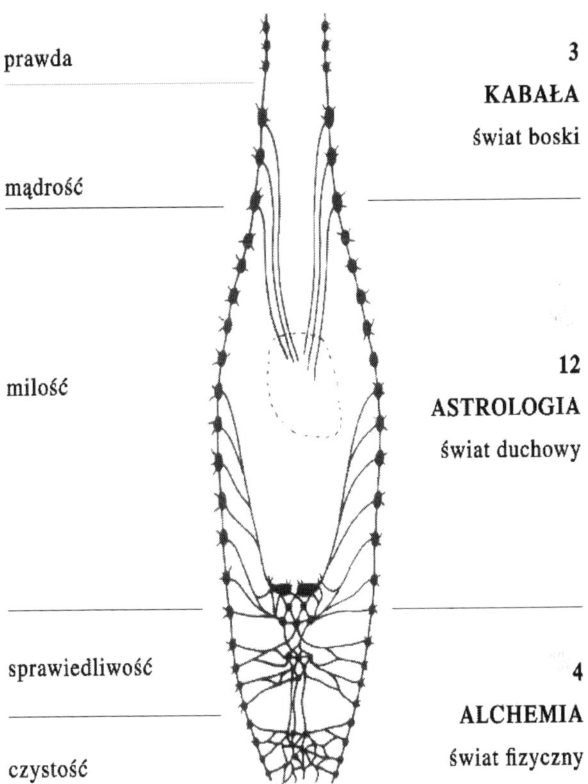

łańcuch splotów
relacje z cnotami i liczbami

Czystość jest związana z 4 parami splotów Gassera, które tworzą podstawę łańcucha splotów, ponieważ czystość jest podstawą, fundamentem.

Sprawiedliwość jest połączona z 4 parami splotów lędźwiowych (umieszczonych w rejonie nerek), z którymi powiązana jest waga ♎ w związku z wszystkimi organami odżywiania: żołądkiem, wątrobą jelitami, itd... Gdy człowiek nie potrafi odżywiać się jak należy, równowaga jest zakłócona, szale wagi są zachwiane i kłopoty, które następują wyjawiają, że sprawiedliwość musiała interweniować, aby przywrócić porządek.

Miłość jest powiązana z 12 parami splotów piersiowych. Miłość jest siłą, która nas rozpiera (i to rozpieranie odnajdujemy się w ruchach oddychania), która nas łączy z wszystkimi istotami, z całym wszechświatem zawartym w 12 konstelacjach zodiaku.

Mądrość jest powiązana z 3 parami splotów szyjnych, które przez pośrednictwo nerwów sercowych są powiązane z sercem, bo prawdziwa mądrość pochodzi z serca.

Prawda jest powiązana z 3 parami splotów wewnątrz-czaszkowych, ponieważ prawda jest szczytem, celem do osiągnięcia, jest ponad wszystkim.

Prawda, mądrość, miłość, sprawiedliwość i czystość umożliwiają nam kontakt z wszystkimi harmonijnymi siłami wszechświata, od których otrzymujemy błogosławieństwa. Każda cnota polepsza funkcjonowanie splotów i organów, z którymi są związane, tak samo jak każdy błąd przeciw cnotom zaburza to działanie.

Dawniej sądzono, że nie istnieje żaden związek między mózgiem a systemem współczulnym. Obecnie wiemy, że taki związek istnieje i jest nawet bardzo ścisły. Ale mózg nie może oddziaływać bezpośrednio na organy, działa on poprzez przewodnik, którym jest układ współczulny i którego splot słoneczny jest najważniejszym centrum. Wtajemniczeni pracują nad przywróceniem świadomości połączenia między splotem słonecznym i mózgiem, ponieważ raz nawiązane to świadome połączenie wszystko ułatwia: poprzez splot słoneczny mogą oni osiągnąć, kontrolować i wzmacniać organy swojego ciała fizycznego.

Istnieje związek między stanami psychicznymi i stanami fizycznymi. Smutek na przykład działa na układ współczulny, który mając rolę wazokonstrykcji zaczyna kurczyć system tętniczy. To kurczenie wytwarzane przez smutek hamuje krążenie krwi, a w konsekwencji także trawienie, oddychanie, itd... Wówczas czujemy się spięci, żałośni, opuszczeni. Tak nie jest, ale takie odnosimy wrażenie. Żeby pobudzić przeciwne działanie nerwów, które rozszerzają: trzeba przywołać radość, miłość, a każdego dnia wstając, zamiast myśleć: „Nie mam pieniędzy, moja ukochana mnie zdradza, nie otrzymałem oczekiwanych listów..." Przeciwnie, trzeba starać się mieć pozytywne myśli. Prawdziwy uczeń, każdego ranka wstając, niesie w sobie taką myśl: „Panie Boże, nasz Stwórco, dziękuję ci dzisiaj, że jestem żywy, dobrze się czuje, mogę oddychać, chodzić, śpiewać, patrzeć, słyszeć... bowiem są to nieocenione skarby." Trzeba wstawać wesołym i dziękować Panu. Jeśli ludzie starzeją się tak szybko, to dlatego, że nie wiedzą jak każdego dnia przywoływać radość.

Splot słoneczny jest niezwykle ważnym centrum i powinniśmy unikać wszystkiego, co może go uciskać, bo prowadzi to z kolei do skurczenia naczyń krwionośnych i różnych kanałów w organizmie. Kiedy krew i inne płyny źle krążą, wówczas powstają osady, które z czasem kończą się różnego rodzaju zaburzeniami. To, co najbardziej zakłóca funkcjonowanie splotu słonecznego, to niezorganizowane przejawy ciała astralnego: strach, gniew, zazdrość i miłość zmysłowa. Ponieważ splot słoneczny jest zbiornikiem siły, konsekwencją tej dysharmonii jest całkowita demagnetyzacja. Kiedy odczuwacie strach albo szok, to natychmiast opuszczają was siły, nogi odmawiają wam posłuszeństwa, wasze ręce się trzęsą, a w głowie macie pustkę. Oznacza to, że wasz splot słoneczny wyczerpał swoje siły.

Tak więc splot słoneczny może się opróżnić, ale może również się wypełnić, i tego właśnie musi się nauczyć uczeń: jak wypełnić swój splot słoneczny. Przekażę wam kilka metod.

Każde drzewo jest zbiornikiem sił pochodzących od słońca i z Ziemi, i można czerpać te siły. Wybieracie duże drzewo, opieracie się o nie plecami kładąc lewą dłoń na waszych plecach, wnętrze dłoni w stronę konaru drzewa, równocześnie kładziecie wnętrze prawej dłoni na splocie słonecznym. Koncentrujecie się więc na drzewie prosząc go, aby wam dało część swojej energii: otrzymujecie je poprzez lewą dłoń i wlewacie je poprzez prawą dłoń w wasz splot słoneczny. Jest to pewnego rodzaju transfuzja energii.

Możecie również wzmacniać wasz splot słoneczny patrząc i słuchając jak płynie woda w źródle, kaskadzie czy fontannie. Są to metody z pozoru mało znaczące, ale dające znakomite rezultaty. Płynąca woda oddziałuje na splot słoneczny, który jest w ten sposób ożywiany, a więc bardziej zdolny do odpierania szkodliwych substancji. Patrzymy czasem jak płynie woda, ale nieświadomie, i nie zdajemy sobie sprawy z pracy, jaką moglibyśmy dzięki tej wodzie wykonać dla własnego rozwoju duchowego. Poza tym, co wiemy o pożytku, jaki możemy mieć ze wszystkich elementów, które nam daje natura?

Gdy jesteście w domu, możecie położyć się na łóżku, położyć dwie ręce na splocie słonecznym i wyobrazić sobie, że czerpiecie energie z całego kosmosu.

Możecie również zanurzyć wasze dwie dłonie w wodzie, albo jeszcze lepiej, wasze stopy, gdyż jest to najskuteczniejsza metoda. Gdy czujecie się rozmagnetyzowani, wzburzeni lub spięci, przygotujcie ciepłą wodę, świadomie zanurzcie w niej wasze stopy i zacznijcie je myć z wielką uwagą. Zadziałacie wówczas na splot słoneczny dając mu siły, a wasz stan świadomości będzie natychmiast przemieniony. A nawet, jeśli któregoś dnia, w domu, nie udaje się wam medytować, wykąpcie stopy, a zobaczycie, iż będzie wam łatwiej się skoncentrować.

Istnieją metody, aby nawiązać łączność ze splotem słonecznym i poprosić go, aby wydał rozkazy w celu zaradzenia pewnym niewydolnościom. Jest to wielka nauka, której będziemy się uczyć w przyszłości. Na razie, nawiązanie łączności ze splotem słonecznym nie jest możliwe – żyje on swoim niezależnym życiem, a człowiek prawie nic nie może tu zdziałać, poza działaniem niebezpośrednim, oczekując, iż któregoś dnia będzie mógł działać bezpośrednio. Jak na niego zadziałać niebezpośrednio? Starając się żyć życiem czystym, sensownym i świetlistym. Takie życie oddziałuje na splot słoneczny, odblokowuje go i uwalnia od pewnych skrępowań. Gdy jest on już uwolniony, to bardzo szybko zaradza wszystkiemu, gdyż jest wyjątkowo silny.

Spotyka się tak wielu ludzi, którzy wydają się wyczerpani, załamani, czy przygnębieni. Jeżeli są w takim stanie, to znaczy, że nie potrafią pracować nad splotem słonecznym, widać to również na ich twarzy, twarzy bez jakiegokolwiek światła. Twarz szara, ciemna oznacza, że splot słoneczny nie działa poprawnie. Dlatego też przynajmniej wy, starajcie się używać stosować metody, które wam proponuję, aby pracować nad splotem słonecznym, w przeciwnym razie, być może przez całe lata nie poczujecie, iż jest on obecny, pobudzony i czujny, i że was rozpiera radość. Wszystko pozostanie w mózgu i nie osiągniecie żadnych rezultatów, ani patrząc na słońce, ani medytując, ani wykonując ćwiczenia, dopóki splot słoneczny się nie objawi, aby wam pokazać, iż wasza świadomość nareszcie zeszła aż do wnętrza. Mogę wam opowiadać, jakie to jest wrażenie, ale czemu to posłuży? Nie zrozumiecie, bo aby zrozumieć, trzeba mieć już za sobą to doświadczenie. Nie można tego zrozumieć poprzez intelekt. To tak jakbyście chcieli wytłumaczyć ból zębów komuś, kogo nigdy zęby nie bolały, albo jakbyście mówili o miłości komuś, kto nigdy nie był zakochany. Nie można zrozumieć dopóki samemu się tego nie przeżyło. Nawet, jeśli wam wytłumaczę, to nie zrozumiecie. Trzeba pracować, pracować, nad zmianą swojego życia, nad harmonijnym życiem – dopiero w tym momencie uda nam się pobudzić w nas samych subtelne centra, ponieważ to harmonia rządzi tymi centrami.

Niestety rzadko się zdarza, że to, czym człowiek żyje i co odczuwa jest w zgodzie z harmonią królującą we wszechświecie. Jest to poważny problem, ponieważ sprzeciwiając się prawom, siłom i prądom kosmicznym, człowiek się izoluje, odcina od wszechświata, otacza się barierami nie do przebycia. Wówczas korzystne siły, przybywające z całego kosmosu – aby napoić i ożywić wszystkie istoty – nie mogą się już do niego przedostać, by wyeliminować nieczystości i przywrócić porządek, i wtedy to, człowiek chyli się ku upadkowi. Tak, choroba jest całkiem po prostu chaosem, który zagnieżdża się u człowieka, gdy zrywa on więzy z kosmosem i nie utrzymuje już z nim prawidłowych wymian.

Człowiek, aby żyć zmuszony jest dokonywać nieprzerwanych wymian z kosmosem, musi: jeść, pić, oddychać, przyjmować światło i ciepło od słońca, otrzymywać promienie kosmiczne... Nie może przeżyć nawet minuty, jeśli ta wymiana jest przerwana, ale człowiek jest tak bardzo tego nieświadomy, że nie zauważa, iż życie zależy od tych wymian. Spędza swój czas na odcinaniu połączeń ze wszechświatem, nie pozwalając energiom, aby w nim krążyły, zakłóca harmonię, która w sposób naturalny istnieje pomiędzy nim, a kosmosem. Jednakże tylko ta harmonia może mu pozwolić intensywnie żyć, rozwijać się i tworzyć.

Dlatego też każdego dnia powinniście przyzwyczajać się do poświęcania kilku minut, aby przywrócić w was tę harmonię z kosmosem i próbować wibrować zgodnie z wszystkimi stworzonymi istotami mówiąc: „Chcę być z wami w zgodzie, kocham was, kocham was, bądźcie błogosławione”... To ćwiczenie przywraca obieg energii. Zdarza się nawet największym mędrcom i największym świętym zaznać od czasu do czasu chwili niepokoju, poruszenia, ale są tego świadomi, odczuwają od razu, iż ich wibracje się zmieniły i wówczas od razu przywracają harmonię. Podczas gdy większość ludzi trwa całymi dniami, tygodniami i latami w nieładzie, aby w końcu całkowicie się unicestwić.

Trzeba raz na zawsze zdecydować się zrozumieć prawa natury, nauczyć się jak człowiek jest zbudowany i jakie mają być jego stosunki z tymi prawami natury. Jeśli chcecie waszego szczęścia i waszego rozwoju, musicie myśleć o harmonii i być w harmonii z całym wszechświatem. Oczywiście, nie uda się wam to tak od razu, ale będąc wytrwałymi, pewnego dnia poczujecie, iż wszystko w was samych – od stop do głów – zaczyna się łączyć i wibrować w unisonie z życiem kosmicznym...

Dziecko w łonie matki połączone jest z nią poprzez pępowinę, usytuowaną w okolicy splotu słonecznego, to poprzez tę pępowinę ona go karmi. W momencie narodzin, przecina się tę więź, dlatego można powiedzieć, że narodziny nie są niczym innym jak przejściem ze stanu zależności do stanu niezależności i wolności. Lecz w rzeczywistości, człowiek nie jest jeszcze całkowicie niezależny, jego splot słoneczny jest powiązany poprzez inną pępowinę, poprzez „pępkowy" sznur, sznur eteryczny z Matką Naturą, która nosi go w swym łonie, wspiera go i pożywia. Dlatego też istnieją pewne nauki na Wschodzie, które doradzają, aby się koncentrować na pępku. Oczywiście, ludzie Zachodu, którzy widzą wszystko z zewnątrz, drwią z tych praktyk, uważając je za zupełnie śmieszne, ale mylą się. Ci, którzy koncentrują się na swoim pępku, łącząc się z kosmosem myśląc, iż skoro jeszcze są uzależnieni od Matki Natury, to muszą oczyścić ten kanał, poprzez który przesyła im ona najcenniejsze elementy, których potrzebują, dzięki którym czują się spełnieni.

W stopniu, w jakim mają oni jeszcze ten związek z naturą, można powiedzieć, że prawie wszyscy ludzie nie są jeszcze narodzeni: nie przecięli sznura „pępkowego". Aby się narodzić, muszą opuścić brzuch natury, w którym jeszcze śpią... lub „dawać kopniaki"! Człowiek rodzi się po raz pierwszy, gdy jest wydany na świat przez swoją matkę fizyczną, ale jego prawdziwe narodziny – to, co nazywa się we Wtajemniczeniu drugimi narodzinami – mogą nastąpić jedynie wówczas, gdy uda mu się zerwać swoje powiązania z „ładem naturalnym" jak mówią filozofowie, aby wejść do natury boskiej. Wówczas to staje się on naprawdę świadomy, pouczony i oświecony.

Części 2

Mówi się często, że serce rozumie i mówi się o inteligencji serca... Nawet *Ewangelie* odnoszą się do serca jako organu rozumienia. Ale jakiego serca to dotyczy? Nie jest to oczywiście serce fizyczne – organ, który przesyła krew. Nie, prawdziwe serce, serce inicjacyjne to splot słoneczny, to on czuje, rozumie i ogarnia wielkie prawdy kosmiczne. Mózg potrafi tylko trochę się uczyć, pisać, mówić i przede wszystkim pysznić się nie rozumiejąc nawet tych rzeczy. Popatrzcie jak mają się sprawy w aktualnym świecie: dyskutuje się, pisze, ale w rzeczywistości niczego się nie zrozumiało, ponieważ mózgiem nie można poprawnie rozumować. Trzeba żyć sprawami, żeby je zrozumieć, trzeba nimi żyć całą swoją istotą.

Gdy doznajecie wrażenia, czując w sobie: obawę, strach, miłość, nie odczuwacie tego ani w mózgu, ani w sercu fizycznym, ale w splocie słonecznym. Tak więc umieszczając serce w splocie słonecznym, Wtajemniczeni pokazali, że znali o wiele lepiej prawdziwą anatomię, prawdziwą fizjologię ludzką niż biologowie, którzy widzieli tylko to, co jest fizyczne i materialne. Prawdziwą rzeczywistość człowieka usunęli.

Tymczasem Wtajemniczeni zainteresowani są przede wszystkim stroną niewidzialną i subtelną. Posiadają oni nadzwyczajną wiedzę, ale wiele rzeczy trzymają w tajemnicy, bo ich odkrycie byłoby niebezpieczne; a więc mówią tylko o niektórych, a wszystkie inne trzeba dopiero odkryć.

Trzeba wiedzieć, że splot słoneczny kontroluje większość funkcji ciała fizycznego, ale przede wszystkim, że to on stworzył i odżywia mózg. Tak, mózg jest dziełem splotu słonecznego, to jego dziecko; dlatego splot słoneczny go żywi, posyła mu wsparcie, a kiedy przestaje mu posyłać, człowiek traci swoje możliwości: albo jest śpiący, albo boli go głowa i nie może już myśleć.

Mózg nie jest oddzielony od splotu słonecznego, ale jeśli nie zawsze może korzystać ze swojego wsparcia, to dlatego, że nie potrafi się jeszcze z nim kontaktować. Otóż, tłumaczyłem wam już, że splot słoneczny jest mózgiem, ale mózgiem odwrotnym, bo jeśli w mózgu substancja szara znajduje się na zewnątrz, a substancja biała wewnątrz, w splocie słonecznym jest odwrotnie. Substancja szara zbudowana z komórek nerwowych, pozwala myśleć, podczas gdy materia biała, zbudowana z włókien nerwowych – przedłużeń komórek – pozwala odczuwać. Tak więc dzięki substancji białej umieszczonej na zewnątrz, splot słoneczny odczuwa wszystko to, co dzieje się w organizmie, we wszystkich komórkach, to dlatego może bez przerwy zajmować się przywracaniem równowagi. Sam mózg nic nie odczuwa, z wyjątkiem stanu, kiedy wszystko ma się bardzo źle, ale nie wie jak temu zaradzić. Jeśli wasze serce bije za szybko, albo za wolno, albo, kiedy macie bóle żołądka, mózg jest niezdolny do zrobienia czegokolwiek, a zresztą to nie zależy od niego. Natomiast, jeśli stworzycie dla splotu słonecznego dobre warunki do normalnego funkcjonowania, wówczas zaradzi on wszystkiemu. Posiada on wspaniałą aptekę, jakiej sobie nawet nie wyobrażacie, a jako że jest on połączony ze wszystkimi organami, wszystkimi komórkami, – może interweniować. Jest więc o wiele lepiej wyposażony niż mózg. Lecz wszystko to nie jest dobrze wytłumaczone, nawet w wiedzy medycznej.

Wraz z rozwojem mózgu człowiek osiągnął samoświadomość, dzięki której się zindywizualizował. Przeciwnie splot słoneczny, który jest siedzibą podświadomości, wprowadza człowieka w kontakt z oceanem życia uniwersalnego, wiąże go z całym kosmosem, co nie zachodzi w przypadku mózgu. W rzeczywistości połączenie to mogłoby nastąpić, ale mózg nie jest jeszcze do tego dostatecznie rozwinięty, bo został ukształtowany bardzo niedawno; splot słoneczny jest tworem o wiele starszym. Mózg rozwinął się bardzo późno u zwierząt i u ludzi, a na przykład mózg mrówek jest nawet lepiej zorganizowany niż ludzki, bo mrówki są starsze niż ludzie! Mózg człowieka nie jest jeszcze doskonale zorganizowany, ale nastąpi to później, ponieważ ma on misję rejestrowania całej wiedzy i rozumienia nieznanych jeszcze pojęć. Ale powtarzam: ten, kto kieruje, kto dowodzi i od kogo wszystko zależy, to splot słoneczny wraz z centrum Hara – umieszczonym trochę poniżej, – bo pozostają one ze sobą w kontakcie.

Obecnie ludzkość jest na drodze do samounicestwienia, bo najważniejsze jej działania umieszczone są w mózgu: studia, rachunki, kłopoty itd... Jako że nie jest dostatecznie przygotowana, aby stawiać czoło wielkim przeciwnościom, wiele chorób nerwowych pochodzi z przeciążenia mózgu. Powinniście więc nauczyć się rozdzielać pracę pomiędzy dwa centra: to, które jest na dole, w brzuchu i to na górze – w głowie. Tylko wówczas odnajdziecie równowagę. Jest to prawo mechaniczne: by utrzymać równowagę, trzeba obciążyć nie tylko jedną szalę wagi, ale dwie.

Mózg jest tylko instrumentem i ten instrument nie jest niezależny. Aby mieć dobry instrument trzeba go konserwować. Weźcie jakąkolwiek maszynę albo tylko lampę: jeśli zmniejszycie albo zatrzymacie prąd, jej efektywność nie będzie ta sama. Mózg ludzki jest jak lampa, która oświeca, rozumuje i widzi. Tak, ale u większości nie jest to dobra lampa, to świeczka, która niewiele oświeca. Trzeba więc podłączyć mózg do niewyczerpalnego źródła, które da mu wszystkie możliwości, to znaczy do splotu słonecznego. Dlaczego przodkowie nazwali go „słonecznym"? Bo jest powiązany ze słońcem, a słońce jest sercem naszego wszechświata.

Czym są splot słoneczny i mózg względem siebie? Przedstawiają dwa bieguny: jeden męski, emisyjny, a drugi żeński – odbiorczy. Te dwa bieguny odnajduje się wszędzie w naturze. Popatrzcie tylko, co dzieje się w małżeństwie: mąż jest prawie wyłącznie zajęty zarabianiem pieniędzy, by zapewnić żonie środki na ubrania, perfumy, aby obsypać ją biżuterią. Oto i ona: elegancka, wystrojona, pociągająca, podczas gdy biedny mąż w zaniedbanych ubraniach pracuje, żeby wszystko jej dać. Oczywiście może być odwrotnie, ale mówię symbolicznie.

Splot słoneczny i mózg są tak bardzo połączone ze sobą, że obydwa mogą sobie pomagać, albo przeciwnie, – przeszkadzać. Bóg nie dał wszystkich mocy tylko jednemu. Podobnie jak w przypadku mężczyzny i kobiety: Bóg nie dał wszystkich mocy mężczyźnie a żadnej kobiecie. Nie, dał moce i kobiecie i mężczyźnie, ale są to moce tak bardzo różne, że mogą przejawiać się w pełni tylko jeśli dwie zasady są połączone i pracują w harmonii we wspólnym celu. To, co mężczyzna może dać, tego kobieta nie może dać, a to, co kobieta może dać, tego mężczyzna także nie może; ale gdy połączą swoje moce, wówczas rezultaty są fantastyczne. Jeśli chodzi o dwa mózgi, którymi są splot słoneczny i mózg w głowie – ważnym jest zrozumieć jak są spolaryzowane jako czynnik żeński i czynnik męski, jak oddziałują na siebie wzajemnie i jaka jest ich władza nad materią.

Znacie eksperyment rury Crookes'a... Gdy prąd krąży w rurze, katoda wysyła strumień elektronów w kierunku anody, ale ona sama pozostaje ciemna, a luminescencja pojawia się w rejonie anody.

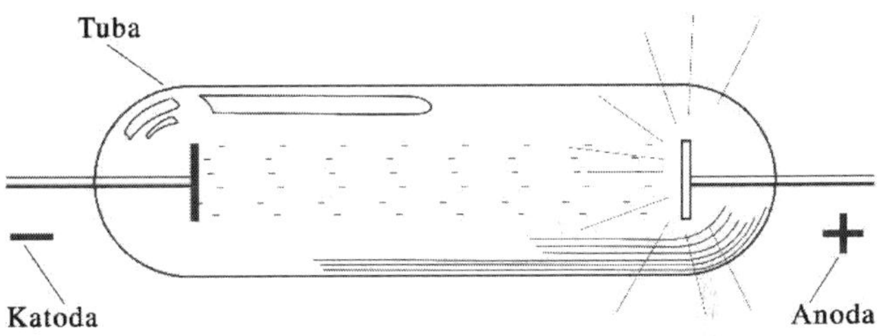

Ten eksperyment nie jest niczym innym jak zobrazowaniem stosunkiem relacji, które istnieją pomiędzy zasadą męską i zasadą żeńską. Wszędzie w naturze widzicie jedynie pracę tych dwóch zasad. To Melchizedek wyjawił Abrahamowi tę wiedzę inicjacyjną dwóch zasad: w jaki sposób dwie zasady – męska i żeńska – odnajdują się we wszechświecie w różnych formach, i pracują razem.

Obserwujemy funkcjonowanie mózgu, który mówi, zarządza, organizuje, porządkuje, prowokuje krzyki i gestykulacje. Ale kto stwarza ku temu możliwości? To splot słoneczny, to on wysyła energie. Nie widzimy go, a on tu jest, ukryty, cichy, nie ujawnia się, nikt nawet nie podejrzewa jego istnienia. Można powiedzieć, że to skromny mąż... Jednakże w rzeczywistości ma funkcję kobiecą, bo jest jakby matką żywicielką, nieskończonym bogactwem, niewyczerpanym rezerwuarem natury. Natomiast mózg, jako że jest tworem splotu słonecznego – to jego dziecko... lub mąż, jeśli wolicie – mąż, który mówi, dyskutuje, grzmi, podczas gdy jego cicha żona, wykonuje całą, ukrytą część pracy. Trzeba zrozumieć tę zmianę biegunowości.

Mózg jest aktywny, i dynamiczny, ale szybko się męczy, jeśli splot słoneczny nie przesyła mu pomocy. Dlatego też, przed podjęciem ważnej działalności intelektualnej, uczeń powinien pracować ze splotem słonecznym. Mózg jest zdolny do wielu rzeczy, ale pod warunkiem, że splot słoneczny dostarczy mu energii. Tak więc splot słoneczny jest początkiem i źródłem, a mózg jest ekranem, który powinien ukazywać, wyrażać i przedstawiać rzeczy, jeśli tylko splot słoneczny mu to umożliwi. Obrazy, które są wyświetlane tam w górze, na ekranie mózgu, pochodzą od splotu słonecznego. Dobre lub złe, ale są wyświetlane. Zachodzi tu takie samo zjawisko jak w kinie, tylko że w kinie zasadą męską jest operator albo aparat, który wyświetla obrazy na ekranie, natomiast ekran jest zasadą żeńską, materią, na której duch rzutuje swoje siły i energie. Jeszcze jedna zmiana biegunowości.

Jeśli macie medytować albo wykonywać intensywną pracę intelektualną, nie zaczynajcie gwałtownie koncentrować się na temacie medytacji albo na waszej pracy, gdyż w przeciwnym razie zablokujecie mózg i do niczego nie dojdziecie. Zacznijcie od skoncentrowania się na splocie słonecznym i kiedy poczujecie, że osiągnęliście wreszcie stan spokoju i odprężenia, zacznijcie waszą pracę: mózg będzie odżywiany i wspierany energiami pochodzącymi od splotu słonecznego. A jeśli w trakcie waszej pracy poczujecie, że mózg zaczyna się blokować, masujcie wasz splot słoneczny w kierunku przeciwnym do wskazówek zegara: po kilku minutach poczujecie, iż wasze myśli są na nowo oswobodzone i że możecie powrócić do pracy.

Trzeba nauczyć się rozdzielać aktywność między mózgiem a splotem słonecznym, jak w prawdziwym małżeństwie, w którym mężczyzna i kobieta, żyją w harmonii i dzielą się pracą, a wówczas mózg będzie mógł okazywać wszystkie moce piętrzące się w splocie słonecznym.

Splot słoneczny posiada w swoich archiwach całą wiedzę z najdawniejszej przeszłości, a do mózgu należy wydobycie jej i wyrażenie. Mózg nie jest niczym innym jak instrumentem, którego zadaniem jest wydobywanie na światło dzienne bogactw ukrytych w głębi naszej istoty.

Splot słoneczny jest więc także mózgiem, ale odwróconym. Substancja biała splotu słonecznego, która jest na zewnątrz, porozumiewa się z substancją białą mózgu, która jest wewnątrz. Natomiast substancja szara splotu słonecznego, która jest wewnątrz porozumiewa się z substancją szarą mózgu, która jest na zewnątrz. Oto jeszcze jedno odwrócenie, skrzyżowanie, które przechodzi przez szyję. Dlatego kiedy czujecie, że między nimi nie ma dobrej łączności, wówczas trzeba masować kark w okolicy kręgów szyjnych, aby przywrócić prądy płynące od splotu słonecznego do mózgu. Szyja jest niezwykle ważną drogą przepływu. Kiedy ściska się komuś szyję zbyt gwałtownie, to się go zabija, ponieważ życie, które wysyła splot słoneczny, nie może już dojść do mózgu. Widzicie jak bardzo ważne są centra nerwowe, ale wiedza medyczna nie poświęciła jeszcze uwagi tym skrzyżowaniom, które znajdują się na poziomie szyi (prawa półkula mózgu steruje lewą częścią ciała, a półkula lewa – prawą), aby zgłębić ten problem z punktu widzenia związków kosmicznych.

Ucząc się koncentrować na splocie słonecznym z miłością, udaje nam się dysponować wszystkimi jego energiami, aby je wysyłać do mózgu. Ponieważ mózg jest jakby ekranem, na którym pojawiają się obrazy, to im bardziej poprawnie mózg brzucha, – jeśli można tak powiedzieć rzutuje obrazy na ekranie drugiego mózgu, tym bardziej człowiek staje się energiczny i zdolny do działania.

Oto jeszcze jedno zjawisko, które odnajdujemy we wszystkich dziedzinach życia. Już dawno powiedziałem wam o „czarnym słońcu", od którego nasze słonce otrzymuje energię. To czarne słońce, które bez przerwy daje energie, jest zasadą męską, a nasze słońce, które ją otrzymuje i świeci, jest zasadą żeńską... Nie powiem wam, że na prawdę widziałem czarne słońce, ale widziałem je wewnętrznie, ono tam jest i istnieje, a bez niego nie byłoby święcącego słońca. Oto właśnie kolejna katoda i anoda, oto rura Crookes'a powiększona do rozmiarów wszechświata.

Jakie to jasne, jakie to proste! Wszędzie, wszędzie odnajdujemy dwie zasady. Chcecie, abym dał wam jeszcze inny przykład? Weźmy drzewo: ma korzenie, pień i gałęzie. Korzenie wysyłają wszystkie energie, aby pojawiły się liście, kwiaty i owoce. Nie widzi się korzeni, lecz gdy je zabierzecie, to koniec z tym, co się widzi – z liśćmi, kwiatami, owocami. To, co jest widoczne zawsze jest rezultatem czegoś, co jest niewidoczne, co jest głęboko ukryte. Splot słoneczny reprezentuje u nas korzenie, a nasz tułów z członkami – pień z gałęziami drzewa. Człowiek jest jak drzewo: ma korzenie, pień, gałęzie, a w mózgu kwiaty i owoce. Splot słoneczny to korzenie mózgu i to on jest najważniejszy, najważniejsze są zawsze korzenie, ponieważ jeśli coś nie funkcjonuje w korzeniach, wówczas cała reszta podupada. Widzicie, jeszcze jeden argument, którego nikt nie może odrzucić. Jak odetniecie korzenie drzewa, to ono umiera.

Gdy chcecie medytować, wybieracie duchowy temat, nad którym się koncentrujecie. Możecie więc podążać za przebiegiem waszych myśli, ich postępem, spostrzegając nawet ich kontury, ich kolory: to wasz mózg pracuje. Ale gdy udaje się wam wznieść wyżej w tej medytacji, wówczas odczuwacie, że mózg przestaje funkcjonować, a splot słoneczny staje się aktywny: już nie rozumiecie spraw intelektualnie, analitycznie, ale rozumujecie syntetycznie. Wibrujecie wraz z nimi w harmonii, przenika was uczucie pełni, a medytacja staje się kontemplacją, już nie myślicie, ale kontemplujecie coś wspaniałego, cudownego i żyjecie intensywnie. Rozumiecie wówczas rzeczy lepiej niż dzięki myśleniu, ale nie wiecie, w jaki sposób, to po prostu dowód absolutny, tak, ponieważ zdołaliście dotknąć serca wszechświata.

Badać, oceniać i rozumieć sprawy nie oznacza jeszcze, że się dotarło do serca wszechświata, nie, to są tylko warunki wstępne. Serce wszechświata możecie dosięgnąć tylko waszym własnym sercem. Kiedy wasze serce, splot słoneczny, zacznie odczuwać, kochać i żyć bardzo intensywnie, wówczas dotkniecie i wzruszycie serce wszechświata, serce Boga. Z tego serca spłyną na was energie, siły i prądy, które was ożywią i oświecą. Tak, kiedy uda wam się wysłać z waszego serca bezgraniczną energię miłości, dzięki prawom podobieństwa i echa, inne serce wam odpowie. Dotrzeć do serca wszechświata to poznać, odczuć i zgłębić projekty i plany Wiekuistego i Duszy uniwersalnej. Jednakże nie osiągniecie tego ani poprzez naukę, ani poprzez wiedzę książkową, ani poprzez przemówienia, nawet gdyby były elokwentne.

Aby dosięgnąć serca wszechświata należy wibrować na tej samej długości fal, co ono, to znaczy emanować tą samą bezinteresowną miłością. Jeśli to, o co prosicie, czego sobie życzycie, czego pragniecie, nie dotyczy tylko waszych osobistych korzyści, ale dobra ludzkości i całego wszechświata, wówczas wasze pragnienie wibruje na tej samej długości fal, co serce wszechświata. A jako że serce wszechświata jest źródłem życia, źródłem szczęścia, źródłem piękna, poezji, muzyki, źródłem wszystkiego, co jest wspaniałe i boskie, dlatego otrzymujecie to życie, to szczęście, tę wspaniałość... Kosztujecie pełni.

Od chwili, kiedy wzruszyliście czyjeś serce, otrzymujecie od tej osoby wszystko to, o co prosicie. Ten, którego serce wzruszyliście otwiera wam drzwi i daje wam wszystko. Są dni, gdy wygłaszacie przemowy w stronę Nieba, aby błagać je wzruszyć, i wywrzeć na nim wrażenie, ale nie służy to niczemu. Niebo odpowiada: „Nie rozumiem tego, co mówisz" i zamyka wam drzwi przed nosem. Innym razem nic nie mówicie, tylko patrzycie, a Niebo wam mówi: „Przyjdź, wejdź! Weź to!" Jak to się dzieje? Trzeba odkryć tajemnicę.

Mówiłem wam kiedyś o radiu na kryształek. Dziesiątki lat temu, gdy odbiorniki radiowe nie były jeszcze tak doskonałe i powszechne jak teraz, wielu ludzi majsterkowało przy odbiornikach z galeną. W celu odbioru programów radiowych trzeba było przesuwać małą igiełkę po kryształku w taki sposób, aby otrzymać połączenie. Kiedy igiełka dotknęła odpowiedniego miejsca, natychmiast słyszało się słowa albo muzykę, podczas gdy w innych miejscach nic nie było słychać. To zjawisko dało mi wiele do myślenia... Przesuwacie igłę po kryształku na prawo i lewo i nic nie słyszycie. A jednak go dotykacie. Tak, ale nie dotykacie jego serca... bo ten kryształek także ma serce! Gdy tylko dotkniecie jego serca, natychmiast usłyszycie muzykę. We wszechświecie też istnieje serce, ale nie znamy jego praw i dlatego nie udaje nam się nawiązać kontaktu, aby odebrać jego fale i doznać olśnienia.

W celu dotknięcia serca wszechświata musicie zintensyfikować waszą miłość. Jest to praca, której dokonuje się w splocie słonecznym. Wówczas, jak wam powiedziałem, już więcej nie myślicie, lecz rzutujecie pewną moc, energię miłości i kierujecie nią, ale wasz mózg odpoczywa. Rozumiecie, jesteście świadomi i kierunkujecie energie, a wasz mózg nie jest ani spięty, ani aktywny. Jak to wytłumaczyć? To znaczy, że istnieje inna forma myślenia i inna forma rozumienia, którą trzeba, które musi nam się udać odkryć.

4

Centrum Hara

Będziecie być może zdziwieni widząc w Indiach niektórych sadhus czy joginów, którzy mają bardzo rozwiniętą okolicę brzucha, mimo, iż prawie nic nie jędzą!... A większość posągów przedstawia Buddę i innych mędrców z wydatnym brzuchem. Dlaczego? Według Wtajemniczonych bardzo rozwinięty brzuch świadczy o mocy, sile i zasobach duchowych zgromadzonych dzięki ćwiczeniom oddechowym. Ponieważ prowadzenie przedłużonych ćwiczeń oddechowych rozwija tę część ciała, która gromadzi elementy pozwalające uzdrawiać i rozkładać wszystkiego, co jest trujące. Rozmiary brzucha mogą być rezultatem materializmu człowieka lub jego duchowości. Jeśli jego twarz pokazuje, że myśli on tylko o jedzeniu, piciu i spaniu, wtedy rzeczywiście jego korpulencja jest złym znakiem: pokazuje człowieka grubiańskiego, materialistę, i zmysłowego. Ale jeśli ma on zalety: czystość, jasnowidzenie, inteligencję, jego brzuch dowodzi, że ma zasoby i może przemieniać te rezerwy dla uzdrawiania innych i czynienia wielu rzeczy, których ktoś wątły, i chudy, nie mógłby uczynić, ponieważ nie ma tych zasobów.

Popatrzcie także na Japończyków. Niektórzy mają olbrzymie brzuchy, a jednocześnie dużą zwinność, dużą siłę i inteligencję. To dlatego, że pracują nad rozwojem tego, co nazywają centrum Hara. To centrum znajduje się 4 cm poniżej pępka. Hara oznacza po japońsku brzuch i od tego słowa pochodzi powiedzenie: „zrobić sobie harakiri" to znaczy popełnić samobójstwo otwierając sobie brzuch. Dla mędrców japońskich Hara jest centrum życia i równowagi, centrum uniwersalnym, a kiedy człowiek koncentrując się na nim osiągnie jego rozwój staje się niezmordowany i niepokonany. Wszyscy, którzy pracowali nad centrum Hara, wyróżniali się w życiu niezwykłą równowagą.

Większa część anomalii, które pojawiają się dziś u ludzi Zachodu pochodzi – już wam o tym mówiłem – z utraty równowagi, to znaczy zamiast umieścić środek ciężkości, centrum życia, właśnie w centrum, to umieszczają go w mózgu, który jest peryferią człowieka. Tak więc zbyt wiele refleksji, kłopotów, zbyt wiele aktywności mózgu i człowiek traci równowagę. Dlatego kiedy doznaje wstrząsu, to nie może wyzdrowieć, bo jego centrum, które może go uzdrowić nie funkcjonuje. Jeśli umiałby skoncentrować się na centrum Hara i rozwinąć go, jakiekolwiek poniósłby straty energii nerwowej nigdy nie poczuje się wyczerpany.

Najwyraźniej istnieje dla ludzi Zachodu problem, związany z tym, że centra umiejscowione w wewnętrznej części ciała fizycznego były długo uważane za niegodne, by uczestniczyć w życiu duchowym. I nawet kiedy przez długie lata sam mówiłem wam o centrum, prawie zawsze rozumiałem to jako najwyższe Centrum, samego Boga, pierwszą Przyczynę. Nigdy wam nie mówiłem, że w ciele fizycznym prawdziwe centrum człowieka jest poniżej pępka, trzeba było wielu lat, żeby was przygotować do wniknięcia, do zbadania go i rozwijania, abyście poznali pochodzenie waszej istoty, ponieważ pochodzenie jest właśnie tam. Ile razy wam mówiłem: „Nie szukajcie na zewnątrz, nie szukajcie na powierzchni, ale zgłębiajcie, zgłębiajcie, a znajdziecie złoto i ropę naftowa!". Oczywiście jest to powiedziane symbolicznie. Chciałem wam przez to powiedzieć, że trzeba zgłębiać właśnie tę dziedzinę, zgłębiać podświadomość.

Centrum Hara jest wzmiankowane w wielu książkach ezoterycznych, ale w niezwykle różny sposób, a nawet niektóre spostrzeżenia dawnych pisarzy chrześcijańskich dowodzą, że centrum Hara było im znane. Alchemik Basile Valentin w swojej książce: *„Dwanaście kluczy"* zaprasza adepta, aby zszedł do centrum Ziemi, żeby odnaleźć kamień filozoficzny. Mówi: *„Visita Interio-*

ra Terrae; Rectificando Invenies Occultum Lapidem, Veram Medicinam". To znaczy: „Odwiedź głębię Ziemi; przez oczyszczenie znajdziesz tam ukryty kamień, prawdziwe lekarstwo". Gdy weźmie się pierwsze litery tych słów, da to: VITRIOLUM, „*Visita Interiora Terrae*"... W rzeczywistości nie dotyczy to zejścia do centrum planety, ale chodzi o zgłębienie tej ziemi, naszego ciała fizycznego, bo tu znajdzie się materiały, znajdzie się bogactwa i skarby.

Trzy najważniejsze istoty boskie panteonu hinduskiego to: Brahma, Wisznu i Śiwa; i jest powiedziane w Księgach świętych, że Brahma mieści się w brzuchu, Wisznu w rejonie serca i płuc, a Śiwa w mózgu. Dlaczego więc Brahma, Stwórca, znajduje się w brzuchu? Skoro brzuch jest miejscem tak bardzo godnym pogardy, a mózg przeciwnie, tak bardzo szlachetnym, to trzeba było umieścić Brahmę w mózgu. Ale nie, w mózgu umieszczono Śiwę, a Śiwa jest identyfikowany z destrukcją. Tak, Brahma jest stwórcą, Wisznu: naprawiający, zachowujący, ten, który wspiera, utrzymuje, odżywia, podczas gdy Śiwa jest niszczący. Jeśli właśnie Śiwa odpowiada mózgowi, to dlatego, że mózg, to znaczy niższy „myśliciel", który rozcina, dzieli i powoduje rozpad – jest niszczycielem rzeczywistości. To on dzieli ludzi i wprowadza ich w błąd.

Skoro brzuch jest rejonem ciała, w którym tworzą się i formują ludzie, to jest on niezwykle ważny i nie ma nic wstydliwego. Dlaczego życie rodzi się we wstydliwym miejscu? Jeśli Inteligencja kosmiczna wybrała to miejsce to dlatego, że uważa je za święte; dlaczego więc człowiek musi nim pogardzać? Rzeczywiście nie jest zbyt estetyczny – przynajmniej według ludzkiej estetyki – więc dlaczego życie stamtąd pochodzi? Nie tylko matka nosi swoje dziecko w tym miejscu, ale dziecko powiązane przez pępowinę czerpie z niego siły i odżywia się. Rosjanie nazywają to cale miejsce, w więc splot słoneczny i centrum Hara: „żiwot" (живот), a „život" po bułgarsku znaczy „życie" Tak, życie stąd pochodzi, a następnie rozchodzi się i rozdziela do wszystkich organów. Mózg jest także zależny od tego centrum, skąd otrzymuje życie. Tak jak drzewo. Najważniejszym miejscem drzewa są korzenie, które są niewidoczne, ukryte, ciemne i zakopane. Tak, centrum Hara jak i splot słoneczny są także naszymi korzeniami. Kiedy zejdzie się do poziomu korzeni, żeby zobaczyć co natura w nich umieściła, odkryje się świat niezwykłego bogactwa materiałów i energii. Jest to kopalnia, źródło.

Brzuch jest miejscem, gdzie tworzy się życie. Tak, źródło życia jest tu, w brzuchu. Jest nawet powiedziane w *Ewangeliach*: *„Z jego głębi wytrysną źródła wody życia"*. Dlaczego z jego głębi? Dlaczego nie z mózgu, ani z płuc? Co takiego znajduje się w głębi, aby tryskały wody? Ponieważ to tu mieszka Ojciec, Brahma, stwórca. Ale żeby go odczuwać i łączyć się z nim trzeba wielu lat pracy. On tam się znajduje tu, ale nie wyciąga się z tego żadnej korzyści, ponieważ zawsze pracuje się z Śiwą. Zresztą w Indiach bardzo mało świątyń jest poświęconych Brahmie, więcej jest dla Wisznu..., a jeszcze więcej dla Śiwy. Dlaczego? Śiwa jest destruktorem, a więc czy to z obawy, dla udobruchania tak bardzo się nim zajmują? Podczas gdy Brahmy jako stwórcy, nie trzeba się obawiać, że zrobi coś złego i dlatego być może, pomija się go...

Od lat uczę was przedstawiając wam tylko świat wzniosły, to znaczy świat świadomości, jasności, ale jest to w rzeczywistości tylko przygotowanie, żeby następnie móc zejść w głąb waszej istoty. Ponieważ, aby na prawdę móc poznać siebie, trzeba poznać dwa rejony: ten, który jest w górze i ten w dole. To, co jest w górze to są centra mózgu, a to, co w dole, to właśnie centrum, które mędrcy japońscy nazwali Hara.

Hara reprezentuje podświadomość, ciemne głębie istoty ludzkiej. Ale te rejony są bardzo niebezpieczne, dlatego trzeba zaczynać od badania terenu od góry, a następnie, kiedy jest się mocnym, kiedy ma się broń i całe wyposażenie, można zejść w przepaście, aby odkryć to, co zawierają. Tak, wszystkie bogactwa są pod ziemią: złoto, szlachetne kamienie i metale, węgiel, ropa naftowa, nad którymi pracują niezliczona liczba istot i duchów. W świecie psychicznym, jak i w świecie fizycznym, wszystko znajduje się rzeczywiście tu, w dole, nie w górze. Ale w dole jest również piekło i potwory, dlatego zanim się zejdzie, trzeba nauczyć się ochraniać, inaczej zostanie się pochłoniętym. Z tego powodu w naszej pedagogice zajmujemy się najpierw światem wyższym. Aby stawić czoła ciemnościom potrzeba światła.

Człowiek nie może mieć bezpośredniego kontaktu z centrum Hara, nawet dzięki splotowi słonecznemu, bo nie ma żadnego sposobu dotarcia do swojej podświadomości. Może dotrzeć tylko poprzez okrężne drogi, to znaczy przez swój sposób życia. Tak więc jeśli to centrum nie jest poprawnie zharmonizowane ze wszechświatem, to człowiek z powodu swojego nieuporządkowanego, chaotycznego i nierozsądnego życia, krępuje swoje dobre funkcjonowanie i nie może już otrzymywać emanacji Duszy uniwersalnej.

Żeby uzyskać równowagę, wzmocnić się, możecie w czasie medytacji położyć dwie ręce na brzuchu koncentrując się na centrum Hara. Ale powinniście robić to ćwiczenie tylko w stanie czystości, wyrzeczenia i bezinteresowności dla dobra ludzkości, w przeciwnym razie, to inne sąsiednie centra obudzą się i zostaniecie wciągnięci w ciemne rejony waszej istoty. Dlatego też przed pracą z centrum Hara powinniście się przygotować. Kiedy już będziecie gotowi, wówczas będziecie mogli zanurzyć się bezpiecznie w głębinach, gdzie znajdują się prawdziwe głębie istoty człowieka, przepaście.

Psychoanalitycy odkryli oczywiście część podświadomości, ale są jeszcze bardzo dalecy od poznania wszystkich tajemnic centrum Hara i od poznania jak to centrum – schowane w głębi podświadomości – jest powiązane z nadświadomością. Gdy Wtajemniczeni mówią o połączeniu ogona z głową węża, rozumieją to jako dołączenie centrum z dołu do centrum wyższego umieszczonego w mózgu, czakrze Sahasrara, na szczycie głowy. Ale jeśli nie pracowaliście uprzednio nad bardziej dostępnymi prawdami, jak będziecie mogli pracować w tych rejonach? Życie duchowe także ma swój program. Powinniście najpierw oczyścić się, wzmocnić, a potem, kiedy naprawdę poczujecie się gotowi, będziecie mogli pozwolić sobie na wyprawę w te głębiny. Będą to to doświadczenia, które na was czekają, ale musicie się przygotować.

Alchemicy mówią o "świetle, które wychodzi z ciemności". Ciemności są nieskończenie rozleglejsze niż światło, obejmują one i ogarniają wszystko. Podczas gdy światło jest jak iskra, owinięta przez ciemności. Ciemności są korzeniami człowieka. Wszystko, co ukazuje się na

Ziemi jako zjawisko, jako objaw, urzeczywistnienie, wychodzi z ciemności. Te elementy są podobne do dzieci w brzuchu Matki Natury, te energie są z nią połączone pewnego rodzaju sznurem „pępkowym", dzięki której czerpią siły z Duszy kosmicznej.

„Światło, które wychodzi z ciemności"... Tam widzi się głębię symbolu żłobka, w którym urodził się Jezus. Dlaczego Jezus miał się urodzić w żłobie, na słomie, między wołem i osłem a nie w pałacu, w świątyni, czy w przestronnej i okazałej posiadłości? Ponieważ tak jak narodziny dziecka fizycznego tak i też narodziny dziecka duchowego, narodziny Chrystusa w człowieku, dokonuje się właśnie tu, w rejonie centrum Hara. Centrum jest tu, szopa z osłem i wołem, które nie są niczym innym jak wątrobą i śledzioną. A w górze śpiewają anioły, bo te narodziny, które nazywa się drugim narodzeniem są wydarzeniem, w którym uczestniczy całe Niebo.

To, co się zdarzyło w chwili narodzin Jezusa, powtórzy się, wówczas, gdy człowiek będzie zdolny narodzić się po raz drugi. Jest osioł, wół, magowie, anioły, Maria i dzieciątko w żłobie... To wydarzenie nie tylko miało miejsce 2000 lat temu w Palestynie, ale powtarza się wiecznie. Aby ukształtować dziecko w sobie trzeba poznać wiele rzeczy: jak je przyciągać, jak donosić, jak odżywiać...

To w tej szopce, wewnątrz: pomiędzy wołem i osłem – czyli wątrobą i śledzioną – rodzi się dziecko boskie. Narodzenie Jezusa w żłobie ma więc znaczenie inicjacyjne o największej doniosłości. To tu, w centrum Hara uczeń powinien doprowadzić w sobie do narodzin nowej świadomości, dzieciątka Jezus.

Hermes Trismegistos powiedział: „*To, co jest na dole, jest takie jak to, co jest na górze; a to, co jest na górze jest takie jak to, co jest na dole*". To nie jest analogia, dokładne podobieństwo, jak niektórzy sądzą, bo w rzeczywistości to, co jest na dole nie jest identyczne z tym, co jest na górze. To, co jest na dole jest jak to, co jest na górze w znaczeniu, kiedy prawo i funkcje są takie same. Powiedzieć, że to jest „jak" nie znaczy, iż to jest dokładnie tak samo. Kiedy dom odbija się w wodzie, wówczas to, co jest w górze w realnym świecie, jak to, co jest w dole w świecie odbicia, ale dwa światy nie są identyczne.

Jest więc świat odbicia, świat iluzji, który jest w dole oraz świat realny, który jest w górze. Następnie w każdym z tych światów znajduje się także „góra i dół"; tak więc to, co jest w dole w świecie iluzji odpowiada temu, co jest w górze w świecie realnym. I tak samo jak w hierarchii boskiej, Stwórca znajduje się w górze, tak samo tu, w nas, znajduje się w dole, bo my jesteśmy odbiciem. Już dawno temu mówiłem wam o tej odwrotności, mówiąc wam, że kamienie, kryształy, metale, które znajdują się w dole są odbiciem świata boskiego w górze. A brzuch w człowieku, który jest w dole, odpowiada temu, co jest w górze, w Boskości, bo w stosunku do makrokosmosu, mikrokosmos, czyli człowiek, jest odwrotnością. Dlatego Brahma, Stwórca jest umieszczony w brzuchu.

Otóż na razie to wszystko na ten temat, mimo, że jest to świat nieskończony. To, co właśnie wam powiedziałem, to już jest dużo. Jeśli bym powiedział więcej, nie wiedzielibyście, co z tym zrobić, bylibyście przeciążeni. Zawsze chce się wszystko wiedzieć... Oczywiście przez ciekawość. Otóż nie, w prawdziwym Nauczaniu inicjacyjnym trzeba wprowadzić w praktykę, trzeba przyzwyczaić się do mobilizacji własnych sił, własnych zdolności, żeby wykonywać prawdziwą pracę. Wiem, że to, czego tutaj wymagam, nie znajdzie przychylnego oddźwięku, bo cały świat, przeciwnie, jest tak nauczony, żeby wszystkiego szukać na zewnątrz. Oto dlaczego centra wewnętrzne nie działają, są one zardzewiałe i nie krążą w nich prądy. Oczywiście jest kilku mistyków, filozofów i duchownych, którzy są przyzwyczajeni do takiej pracy, ale większość ludzi jest w tej dziedzinie ułomnych, nie mają ani siły ani woli, aby powziąć pracę nad samym sobą.

Powiecie, że pracujecie, ale nie macie rezultatów. Oczywiście to nie jest łatwe i tu także problem reinkarnacji odgrywa dużą rolę. Jeśli dopiero w tym życiu zaczęliście tę pracę, to jak chcecie przywołać do życia centra nieruchome od wieków? Dla tych, którzy pracowali w innych inkarnacjach i teraz kontynuują, u nich rzeczywiście sprawy wyglądają inaczej; i teraz uzyskują rezultaty.

Dlatego spieszcie się by rozpocząć pracę w tym życiu wiedząc, że jeśli nie rozpoczniecie w tym, to nie dojdziecie także do niczego w przyszłym życiu. Chwilowo odniesiecie być może tylko kilka małych sukcesów, ale to nie szkodzi, przynajmniej zaczęliście. Będziecie kontynuować w następnej inkarnacji, a wówczas uzyskacie prawdziwe rezultaty. To, co się liczy, to rozpocząć w tym życiu uruchamianie boskich prądów.

5

Siła Kundalini

Apokalipsa kończy się wizją niebiańskiego miasta Nowego Jeruzalem, w którym św. Jan opisuje mury, trony i bramy. Przez to miasto przepływa rzeka: *„I ukazał mi rzekę wody życia lśniącą jak kryształ, wypływającą z Tronu Boga i Baranka. Pomiędzy rynkiem Miasta a rzeką po obu brzegach, Drzewo Życia, rodzące dwanaście owoców – wydające swój owoc każdego miesiąca – a liście drzewa służą do leczenia narodów."*

Jak to się dzieje, że drzewo znajduje się po obydwu stronach rzeki? Jeśli rozumieć rzeczy dosłownie, ten opis nie ma żadnego sensu. W rzeczywistości to drzewo nad rzeką jest symbolem; istnieje w nas, a rzeka także przechodzi przez nas, ponieważ to my jesteśmy miastem; a w centrum miasta – w splocie słonecznym – płynie rzeka z drzewem życia nad swymi brzegami. Splot słoneczny reprezentuje drzewo nad dwoma brzegami rzeki, ale także samą rzekę, tę siłę, tę żywotność, która krąży poprzez niego. A gdzie znajdują się korzenie tego drzewa? Jest to 12 par nerwów i splotów piersiowych: 12 gałęzi, które dają 12 owoców rocznie. Te 12 owoców jest powiązanych z 12 znakami zodiaku.

Popatrzmy teraz na posiadaczy tych owoców. Pierwszy owoc (Baran) czyni człowieka czynnym, dynamicznym i zdecydowanym. Drugi (Byk) daje wielką wrażliwość, dużo uprzejmości i dobroć. Trzeci (Bliźniak) przynagla do studiowania, zachęca do interesowania się wszystkim i do podróży. Czwarty (Rak) daje duży mediumizm do przejmowania fal i subtelnych obecności. Piąty (Lew) inspiruje wielką szlachetność i odwagę potrzebną do pomocy i ratowania innych. Szósty (Panna) czyści i sprząta. Siódmy (Waga) daje możliwość łączenia się z boską Przyczyną i przywracania w sobie równowagę kosmiczną. Ósmy (Skorpion) wyjaśnia śmierć i życie w zaświatach. Dziewiąty (Strzelec) daje smak problemom filozoficznym i religijnym. Dziesiąty (Koziorożec) wpływa na siłę, autorytet, żeby dominować nad innymi i samym sobą. Jedenasty (Wodnik) daje sens uniwersalności, braterstwu między narodami. Dwunasty (Ryby) przynagla do poświęcenia, znoszenia cierpienia, a nawet widzenia dobrej jego strony i cieszenia się nim.

Oto zalety owoców tego drzewa życia, które nie jest niczym innym jak Drzewem Sefirotów o którym mówi Kabała z sefirotami: Keter, Chochma, Bina, Chesed, Gebura, Tiferet, Necach, Hod, Jesod, Malkut. Keter jest ziarnem, które zawiera wszystkie możliwości drzewa; Chochma jest jądrem, pestką, która się dzieli, aby pozwolić wzejść małemu kiełkowi: Bina; Chesed, to pień; Gebura, to galezie; Tiferet, to paczki; Necach, to liscie; Hod, to kwiaty; Jesod, to owoc; a Malkut, to ziarno, które posadzone w ziemi daje nowe drzewo. Widzicie tu zastosowanie prawa: „to, co jest na dole jest takie jak to, co jest w górze" i zrozumiecie także, dlaczego Jezus porównał Królestwo Boga (Malkut) do ziarna gorczycy, które jest małe, ale może stać się wielkim drzewem dającym schronienie ptakom niebieskim.

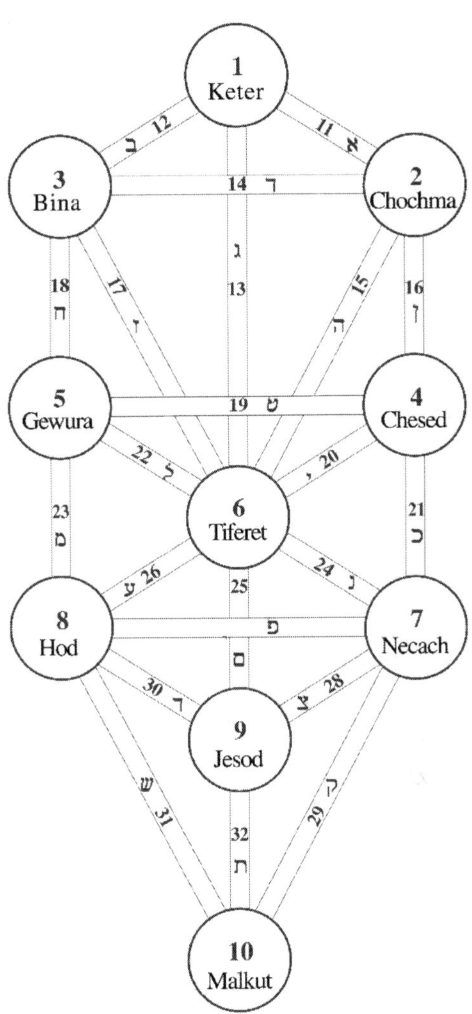

Drzewo Sefirotów

Święty Jan mówi, że liście drzewa służą do uzdrowienia narodów. Widzicie, że nie tylko owoce drzewa czynią cuda, ale także liście, a nawet korzenie.

Korzenie zanurzone nad dwoma brzegami rzeki życia, o którym mówi święty Jan to zespół nerwów i splotów umieszczonych po obu stronach kręgosłupa. Kręgosłup łączy niebo i ziemię, nasze niebo i naszą ziemię. Źródło rzeki znajduje się na szczycie góry, jest powiedziane: „*Rzeka wychodziła z Tronu Boga*". Głowa to niebo, a brzuch to ziemia. Pod ziemią pali się ogień, który od czasu do czasu prowokuje gwałtowne erupcje wulkaniczne. Otóż ten ogień znajduje się także w podstawie kręgosłupa. Ten ukryty ogień powiązany z brzuchem i narządami płciowymi to siła Kundalini. Dotychczas kręgosłup spełnia u ludzi tylko funkcje anatomiczną i fizjologiczną; jego siła duchowa nie jest obudzona. Tylko Wtajemniczeni potrafili ożywiać swój kręgosłup do ogromnej pracy duchowej i magicznej dzięki obudzeniu siły Kundalini.

Siła Kundalini drzemie w podstawie szpiku kostnego kręgosłupa, ona, matka, która stworzyła wszechświat, „*siła silna wszystkimi siłami*" jak nazywa ją Hermes Trismegistos. Raz obudzona może skierować się albo w górę albo w dół. Jeśli skieruje się w górę, człowiek korzysta z największego rozwoju duchowego, ale jeśli skieruje się w dół, może wywołać to bardzo złe rezultaty. Człowiek nie będący czystym i panem siebie budzi siłę Kundalini, staje się ofiarą niepohamowanej namiętności seksualnej, która go prowadzi z zawrotną szybkością w przepaść i nadmierną ambicję, która spowoduje, iż będzie sprzeciwiać się całemu światu. Dlatego radziło się uczniom, żeby nie kusili obudzenia Kundalini zanim, nie popracują nad czystością i pokorą, gdyż ta siła, najsilniejsza z wszystkich, może niszczyć jak i tworzyć. W rzeczywistości Kundalini może być obudzona na wielu poziomach: można ją budzić siedem razy, ponieważ śpi w siedmiu snach, jest schowana pod siedmioma osłonami materii.

W pewien sposób łatwo jest obudzić Kundalini, ale najtrudniejsze i najważniejsze to wiedzieć gdzie i jak ją skierować. Kierunek, jaki poweźmie Kundalini nie zależy od woli człowieka, ale od jego wartości i cnót. Kiedy wąż Kundalini budzi się, kieruje się w stronę, gdzie jest dla niego pożywienie. Jeśli pożywienie podaje mu strona niższa, tam się kieruje i to jest koniec, to jest przepaść, prawdziwa otchłań. Podczas gdy przyciąga go strona wyższa, skieruje się w górę.

Wznoszenie się siły Kundalini odbywa się przez kanał Suchumna umieszczony wewnątrz szpiku kostnego kręgosłupa. Po obydwu stronach kanału Suchumna są dwa kanały Ida (polaryzowane negatywnie i powiązane z księżycem) i Pingala (polaryzowany pozytywnie i powiązany za słońcem) wznoszą się ruchem spiralnym przeplatanym. Prąd Ida prowadzi do nozdrza lewego a prąd Pingala do nozdrza prawego. Dlatego ćwiczenia oddychania są uważane za najlepsze do prowokowania budzenia się siły Kundalini.

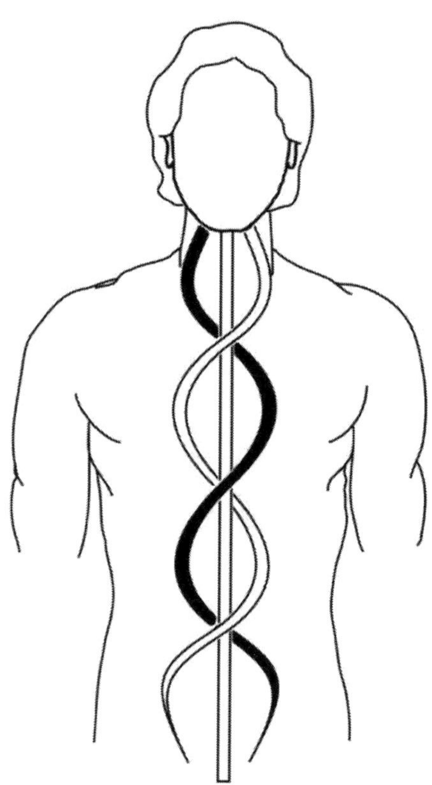

Po obydwu stronach Suchumna,
Pingala (biała) i Ida (czarna).

Kiedy zatykając prawe nozdrze, wdychacie powietrze przez lewe nozdrze, wytwarzacie prąd, który przechodzi przez kanał Ida. Ten prąd przechodzi przez centrum gdzie śpi Kundalini, czakra Muladhara i wytwarza lekkie wibracje, które dążą do delikatnego obudzenia. Zatykając lewe nozdrze wdychacie powietrze przez prawe nozdrze, prąd przechodzi przez kanał Pingala i on także daje kilka impulsów sile Kundalini. I tak dalej... Dlatego praktykując każdego ranka nasze ćwiczenia oddechowe wprawiacie bardzo delikatnie w obudzenie siłę Kundalini. Ale nie trzeba przeciągać tych ćwiczeń.

Kiedy byłem w Indiach słyszałem o wszystkich metodach budzenia Kundalini stosowanych w jodze. Jest ich niezliczona ilość. Są też niesamowite, aż do wprowadzenia srebrnych drutów sznura w miejsce, którego nie nazwę. Istotnie, żeby ją obudzić niektórzy wyprawiają różne szaleństwa!

Najlepszą radą, jaką można dać ludziom zachodu jest nie kusić obudzenia Kundalini, tylko prowadzić życie czyste, zgodne z prawami bożymi. Ona obudzi się, kiedy nadejdzie właściwy moment i nie trzeba nic przyspieszać. Każdy inny sposób postępowania jest ryzykowny, ponieważ ta siła jest podobna do ognia, który może nawet spustoszyć i zniszczyć niektóre organy ciała. Kiedy wszystko przebiega w naturalny sposób, bez konfliktów, człowiek budzi się harmonijnie w świadomości świata bożego.

Czuję w was olbrzymie pragnienie czynienia wysiłków, żeby dojść do tego obudzenia świadomości. Możecie rozpocząć pracę, ale trzeba być bardzo ostrożnym, bardzo rozsądnym i nie rzucać się bez wskazówek – inaczej, ryzykujecie utratę równowagi i zniszczenie się. Nie spieszcie się więc to przyjdzie pewnego dnia i pozwoli wam obudzić Kundalini. Wielu sądzi, że aby znaleźć prawdziwą duchowość trzeba pojechać do Indii. Dobrze jest pojechać do Indii, ale trzeba wiedzieć, że nauczanie Uniwersalnego Braterstwa, które jest prawdziwą nauką Chrystusa, przynosi nam nowoczesną jogę zaadoptowaną dla zachodu.

Mędrcy Indii mówią, że przed obudzeniem węża Kundalini jogin musi uwolnić kanał centralny kręgosłupa Sushumna. Przez czyste życie, przez stosowanie ćwiczeń, czyści ten kanał. To czyszczenie jest potrzebne, ponieważ kiedy obudzi się wąż Kundalini, zaczyna aktywizować całe psychiczne życie człowieka; jest to ogień tak intensywny, że wszystko spala. Dlatego jego droga musi być wolna od wszystkich nieczystości i wszystkich przeszkód, żeby mógł przejść szybko, bez szkód dla człowieka, żeby osiągnąć centrum, czakrę korony Sahasrara.

A co mówi Jezus w Ewangeliach? „*Usiłujcie wejść przez wąskie drzwi*", albo „*Łatwiej jest wielbłądowi przejść przez ucho igielne, niż bogatemu wejść przez drzwi Królestwa Bożego*". Te dwa zdania mają bardzo głębokie znaczenie: mówią, że kanał centralny jest tak wąski, że siły, które przynoszą oświecenie nie mogą przejść, jeśli człowiek nie jest czysty i nagi. Jeśli macie zbyt dużo rzeczy w kieszeniach, nie będziecie mogli wejść; trzeba najpierw uwolnić się od tego wszystkiego. Widzicie, że joga indyjska i *Ewangelie* niosą tę samą prawdę. Są to te same prawdy, które zgłębiamy w Uniwersalnym Braterstwie.

6

Czakry

Części 1
System czakr

I

Skąd pochodzi zwyczaj przedstawiania aniołów ze skrzydłami?... Wystarczy, aby obraz lub rzeźba przedstawiała istotę uskrzydloną, żeby wiedzieć iż jest to anioł. Dlaczego te skrzydła? Jaki jest ich sens? Czy anioły naprawdę mają skrzydła? Nie, ale ten sposób przedstawiania pochodzi z bardzo dawnej wiedzy dotyczącej istoty ludzkiej i jej centrów subtelnych. Wielcy Wtajemniczeni przeszłości wiedzieli, iż na plecach na poziomie ramion istota ludzka posiada bardzo silne dwa centra. Te centra umieszczone są w ciele eterycznym i astralnym i są zdolne do wytwarzania wirów, które pozwalają temu, kto potrafił je rozwinąć na przemieszczanie się w przestrzeni. W tradycji greckiej, przedstawia się boga Hermesa ze skrzydłami, ale przy piętach, bo pięta także posiada bardzo ważne centrum pozwalające przemieszczać się w przestrzeni.

W rzeczywistości te centra subtelne są w naszym ciele bardzo liczne. Na przykład w czasie kontemplacji wschodu słońca przyswajacie jego światło poprzez centrum usytuowane powyżej śledzonej. Słońce przesyła nam swoją energię, która przychodzi do nas w postaci małych świetlistych sfer. To centrum absorbuje więc światło słoneczne i dzieli go na siedem kolorów, które są kolorami pryzmatu; potem posyła siedem kolorów do organizmu rozdzielając je w następujący sposób: czerwony i pomarańczowy do organów seksualnych, żółty do serca i płuc, zielony do żołądka, wątroby, jelit i nerek; niebieski do gardła i nosa; fioletowy do głowy. Czerwony może także wzmacniać system nerwowy. Osobie wyczerpanej nerwowo brakuje koloru czerwonego i może polepszyć swój stan koncentrując się na tym kolorze.

Wiecie, że funkcją fizjologiczną śledziony jest tworzyć czerwone krwinki we krwi. Nic więc dziwnego, że centrum eteryczne żywotności jest umieszczone dokładnie ponad nią. Żeby przechwytywać żywotne czerwone krwinki, które pochodzą ze słońca, powinniście rano pomyśleć o tym centrum, aby go ożywić, żeby uczynić go bardziej chłonnym i znacznie wzmocnić w ten sposób działanie słońca, aby mogło polepszyć wasze zdrowie i wigor.

Przez obserwację i badanie z pomocą coraz bardziej doskonałej aparatury, analitycy anatomii, którzy od wieków studiowali ludzkie ciało doszli do bardzo szczegółowej wiedzy o budowie fizycznej człowieka; daleko im jednak do wiedzy Wtajemniczonych, którzy dzięki jasnowidzeniu i doświadczeniu duchowemu odkryli subtelną anatomię człowieka. Jednym z najbardziej imponujących odkryć jest to, którego dokonali Wtajemniczeni indyjscy dotyczącego systemu siedmiu czakr. Od wielu tysiącleci nauczają, że poza ciałem fizycznym, eterycznym iastralnym człowiek posiada centra subtelne umieszczone na osi kręgosłupa. Te centra nazywają czakramami (co w sanskrycie oznacza „koło") albo lotosami.

Są to od dołu do góry:

- podstawa kręgosłupa: Muladhara, lotos o 4 płatkach; (czakra korzenia)
- powyżej organów seksualnych: Svadhisthana, lotos o 6 płatkach; (czakra sakralna, wolności)
- w rejonie pępka i splotu słonecznego: Manipura, lotos o 10 płatkach;
- w rejonie serca: Anahata, lotos o 12 płatkach;
- z przodu gardła: Visuddha, lotos o 16 płatkach; (centrum komunikowania się)
- między dwiema brwiami: Ajna, z dwoma dużymi płatkami podzielonymi na 48 płat-

ków każdy: to znaczy 96 płatków; (trzecie oko mądrości)

- na szczycie głowy: Sahasrara, lotos o tysiącu płatków; (czakra korony). W rzeczywistości ma ich 960, w środku korona z 12 płatkami to czyni w sumie 972. W centrum jest 12 płatków żółtozłotych, 960 innych jest fioletowych, a dwie korony obracają się w przeciwną stronę.

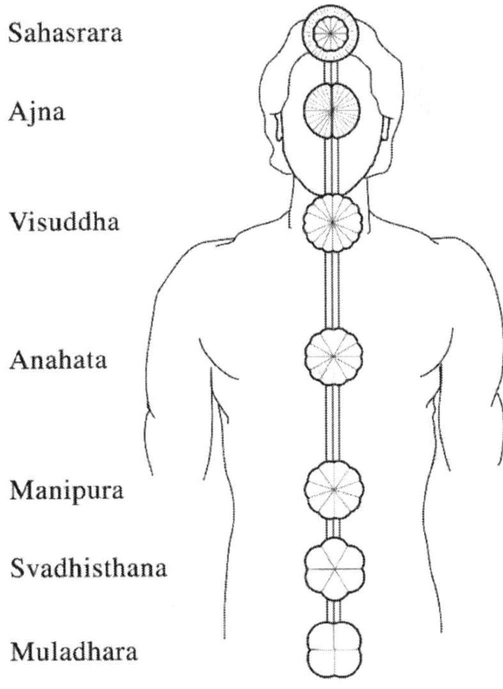

7 czakr

Nie można znaleźć śladu tych centrów duchowych w ciele fizycznym, ponieważ są one usytuowane w ciele eterycznym, podczas gdy organy naszego ciała fizycznego podlegają ich wpływom.

Te centra subtelne są nieaktywne u prawie całej ludzkości. Żeby je w sobie stymulować jogin musi obudzić siłę Kundalini, która drzemie u podstawy kręgosłupa i wznieść ją poprzez czakry, gdzie wyzwala ona i uwalnia siły, które są w nich zawarte, Kundalini przedstawiana jest jako wąż owinięty trzykrotnie dookoła samego siebie wewnątrz trójkątnej figury w środku czakry Muladhara. Kiedy ona się budzi, to jakby płomień, ogień, który zaczyna wznosić się spiralnie wzdłuż kręgosłupa i wznosząc się spotyka i stymuluje inne czakry. Wąż Kundalini – jak mówi tradycja – pracuje swoim językiem nad każdą czakrą, aby spoić i połączyć różne elementy, które pozwolą mu się poruszać. Czakra jest systemem bardzo delikatnym z niezwykle subtelnymi zespołem kół i tylko wąż Kundalini może nim regulować i wprawiać go w ruch. W chwili, gdy czakra zaczyna się obracać, przejawiają się uzdolnienia i siły z nimi związane.

Czakry różnią się jedne od drugich kolorem, liczbą płatków, to znaczy liczbą i intensywnością ich wibracji, są więc przybytkiem boskości i przede wszystkim cnót i możliwości, których obudzenie daje człowiekowi: Muladhara daje energie życia; Svadhisthana siłę tworzenia; Munipura świadomość kolektywną; Anahata uniwersalną miłość; Visuddha mądrość; Ajna jasnowidzenie; Sahasrara wszechmoc i wolność. Jest powiedziane, że boskość czy Shakti mieszka w każdej czakrze. Ich nazwy zaczynając od dołu, są następujące: Dakini Shakti, Rakini Shakty, Lakini Shakty, Kakini Shakty, Shakini Shakty, i Hakini Shakty. Dochodząc do końca swej podróży w czakrze Sahasrara, Kundalini osiąga Shiva, zasadę męską. Spotkanie dwóch zasad męskiej i żeńskiej, głowy i ogona węża odbywa się w olśniewającym świetle. Od tego właśnie momentu jogin, który osiągnął szczyt, jest wolny od wszystkich przeszkód.

Hindusi przedstawiają czakry w bardzo szczegółowy sposób. Zbyt długo trwałoby omawianie każdej z nich; zajmę się jedynie czakrą serca: Anahata.

Dla waszego rozwoju duchowego jest bardzo ważne, żebyście nosili w sercu obraz tej czakry. (Patrz rysunek na następnej stronie.)

Jest to centrum uniwersalnej miłości, ponieważ ta miłość, tak bardzo bezinteresowna, tak bardzo rozległa, budzi w was prawdziwą inteligencję i intuicję.

Czakra serca: Anahata

Kiedy Wtajemniczony rozwija trzy czakry głowy w ostatniej fazie swojej ewolucji, kiedy wszystko w nim jest gotowe, cała jego istota jest harmonijnie rozwinięta. Jeśli chcecie lepiej zrozumieć obraz tych trzech czakr, można powiedzieć, że są podobne do sprzętu używanego przez łodzie podwodne: peryskop, oko, które widzi ponad wodą; radar, który informuje o obecności w pobliżu innych statków; radio, dzięki któremu można odbierać i nadawać wiadomości, apele... Tak, człowiek jest obdarzony takimi samymi aparatami, takimi samymi antenami.

Trzy czakry głowy są trzema antenami, które splot słoneczny może używać jako zanurzoną łódź podwodną. „Ale, powiecie, dlaczego te anteny są umieszczone w głowie? Dlaczego sam splot słoneczny nie jest obdarzony oczami i uszami?" On je ma, ale w ewolucji człowieka Inteligencja kosmiczna umieściła także i inne w jego mózgu.

Teraz mogę dać wam bardzo proste ćwiczenie na rozwój czakry gardła, czakry Visuddha. Możecie od czasu do czasu poświęcić medytację tylko słuchaniu, bez myślenia... I staracie się słuchać głosu mądrości, głosu świetlistych duchów. W istocie, w pierwszych dniach, pierwszych tygodniach, być może nic nie usłyszycie; ale jeśli będziecie kontynuować ćwiczenie, uda wam się wreszcie usłyszeć wewnętrzny głos, delikatny głos Boga... Czasem nazywa się go głosem ciszy, tak bardzo jest delikatny i subtelny, ale w dniu, kiedy zdołacie go usłyszeć, cała wasza istota zadrży... nie ma słów, żeby wyrazić to, jaki jest ten głos.

Żeby rozwinąć czakrę Ajna, wyobraźcie sobie, że wewnętrznym okiem widzicie ziemię, niebo, przestrzeń kosmiczną z niezliczonymi istotami, które ją zamieszkują, wszystkie światy widzialne i niewidzialne. Oglądajcie je tak po prostu, z umiłowaniem i już będziecie budzić waszą duchową wizję.

Istnieje także ćwiczenie dla czakry na czubku głowy, ale może być dla niektórych niebezpieczne i powiem wam o nim innym razem. Podczas gdy dwa pierwsze ćwiczenia są nieszkodliwe: śmiało! Możecie je wykonywać bezpiecznie. Nigdy nic złego się wam nie wydarzy, gdy będziecie dążyć do słuchania głosu bożego. Róbcie tak jakbyście słuchali dwoma uszami; ale w rzeczywistości budzi się trzecie ucho. I tak samo jest gdybyście starali się kontemplować wspaniałości niewidzialnego świata, wówczas otworzy się trzecie oko.

W ten sposób każdego dnia, pomału przejdziecie nadzwyczajną drogę, która, jeśli będziecie wytrwali, zaprowadzi was do oświecenia.

W *Księdze Rodzaju* jest powiedziane, że Adam i Ewa żyli w ogrodzie Eden, gdzie wśród wszystkich rodzajów drzew rosły: Drzewo Życia i Drzewo Poznania Dobra i Zła. Adam i Ewa otrzymali od Boga zakaz spożywania owocu z Drzewa Poznania Dobra i Zła. Ale oto udało się wężowi przekonać Ewę, żeby ona sama przekonała Adama, by zjadł zakazany owoc... I znacie dalszy ciąg.

A więc to Drzewo Poznania Dobra i Zła jest systemem czakr wzdłuż całej długości kręgosłupa, a wąż, który był u podstawy drzewa, zwinięty wokół samego siebie, to Kundalini. Wąż powiedział do Ewy: „Jeśli zjesz owoce z tego drzewa (to znaczy jeśli obudzisz czakry), staniesz się jako Bóg, będziesz posiadać wszechwiedzę, jasnowidzenie i wszechmoc". A więc rzeczywiście Ewa była kuszona i Adam także. No tak, ale było to przedwczesne, nie byli oni gotowi do zniesienia mocy uruchomionych sił. Powinni byli kontynuować spożywanie owoców z Drzewa Życia, to znaczy czerpać energie ze splotu słonecznego, który jest połączony z całym wszechświatem. Gdyż dzięki tym energiom nie znali ani zmęczenia, ani cierpienia, ani śmierci. Tak, Drzewo Życia to splot słoneczny, podczas kiedy drugie drzewo, Drzewo Poznania Dobra i Zła to kręgosłup. Adam i Ewa zbytnio spieszyli się do zjedzenia tych owoców, i powinni byli czekać, aż Bóg powie im, aby je wzięli w odpowiednim momencie.

To samo dzieje się obecnie z ludźmi. Ci, którzy potrafią posilać się poprzez splot słoneczny, który jest powiązany ze słońcem, potrafią na nowo spożywać owoce z Drzewa Życia: czerpią pranę, eliksir nieśmiertelnego życia. Podczas kiedy ci, którzy wolą jeść przedwcześnie owoce z innego drzewa, zanim nie zostaną wystarczająco wzmocnieni, oczyszczeni, narażają się na najgorsze niebezpieczeństwa. Próbują oni obudzić

Kundalini, rozmawiają z wężem, a wąż przyciąga ich do śmierci. Tak, do śmierci duchowej.

Budzenie czakr jak też siły Kundalini powinno się robić z wielką ostrożnością. Dałem wam kilka prostych metod do pracy nad czakrami Visuddha i Ajna, a teraz mogę wam dodać inną, która jest ważna dla wszystkich czakr: śpiew. Śpiewanie wytwarza fale, które sprawiają wibracje centrów subtelnych w człowieku. Oczywiście nie chodzi o śpiewanie czegokolwiek i wszystko jedno jak. Tylko wibracje wytwarzane przez śpiewy głębokie, mistyczne, które wykonujecie ze świadomością siły duchowej, którą posiadają, mogą zacząć budzenie uśpionych centrów.

Mamy w Braterstwie Uniwersalnym cały repertuar pieśni mistycznych skomponowanych przez Petera Deunova. Jeśli dojdziecie do śpiewania ze świadomością, że śpiew jest aktem sakralnym, niektóre z tych pieśni obudzą w waszym kręgosłupie witalną siłę; ta siła, która się budzi dojdzie aż do głowy, żeby wyjść przez wyższe centrum. Kiedy śpiewając czujecie drżenie przechodzące od stóp aż do głowy w największym świetle i czystości, to znaczy, że wasze ciało wibruje chwilę w harmonii z wszechświatem. Ale jest to dobrodziejstwo, którego być może jeszcze nie znacie lub doświadczyliście je bardzo przelotnie. Kiedy rzeczywiście doświadczycie w pełni tego uczucia, zrozumiecie bogactwo i siłę śpiewu dla rozwoju życia duchowego.

Części 1
System czakr

II

Od tysiącleci istnieje zwyczaj palenia w świątyniach i kościołach kadzideł albo innych substancji pachnących. Dym, który wznosi się spiralnie z palonych pachnideł jest symbolem wznoszenia się Kundalini poprzez czakry. Palony zapach z żarem przedstawia czakrę Muladhara, a dym przedstawia węża ognia Kundalini. Ten symbol palonych zapachów pokazuje, że trzeba rzucić pewne substancje do ognia i podsycić go żeby siła zaczęła się wznosić. Chrześcijaństwo zachowało zwyczaje palenia kadzideł w kościołach, które zostały mu przekazane od bardzo dawna – nawet, jeśli zatracił się ich sens.

Jeśli spojrzy się na inne tradycje duchowe, znajdzie się tę naukę o Kundalini pod inną postacią. W tradycji greckiej na przykład, pojawia się w formie kaduceusza Hermesa z dwoma wężami splecionymi wokół laski centralnej. Dwa węże to Ida i Pingala, dwa prądy, które otaczają kanał Suchumna i które jogin uaktywnia przez oddychanie, żeby obudzić Kundalini.

W tradycji kabalistycznej odnajduje się tę samą naukę w Drzewie sefirotów z dwoma filarami: surowość (pozytywny) i łaskawość (negatywny) umieszczonymi po obydwu stronach filaru centralnego lub filaru równowagi. Dwa prądy schodzące od sefiry Keter przechodzą przez Chochma i Bina, krzyżują się w Daat, przechodzą przez Chesed i Gebura i krzyżują się w Tiferet, przechodzą przez Necach i Hod i krzyżują się w końcu w Jesod, który symbolicznie reprezentuje organy płciowe.

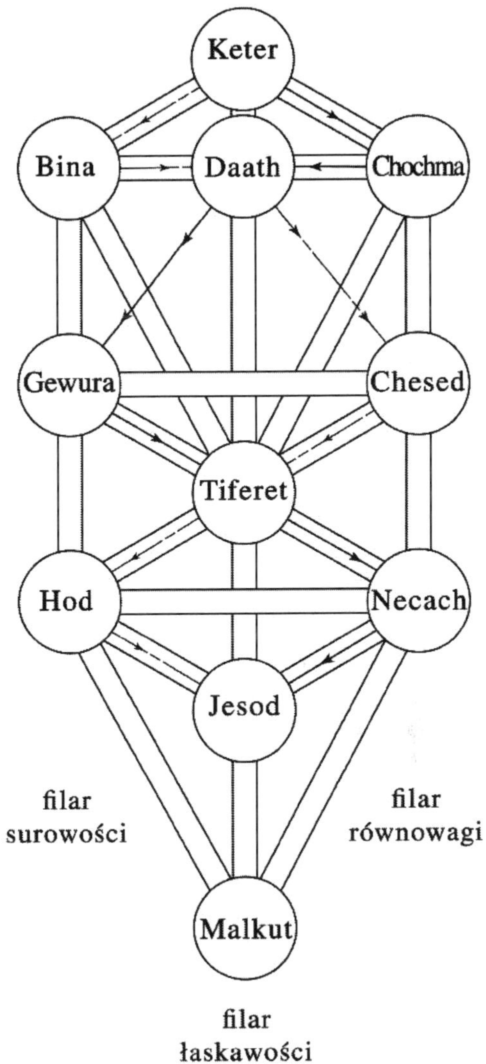
Keter
Bina
Daath
Chochma
Gewura
Chesed
Tiferet
Hod
Necach
Jesod
filar
surowości
filar
równowagi
Malkut
filar
łaskawości

Jeśli pojedziecie do Tybetu zobaczycie, że architekci tybetańscy ukryli tę wiedzę o Kundalini i o czakrach w sposobie konstruowania budowli sakralnych, które nazywają „stupa" Wszędzie przy wejściu do sanktuariów, do klasztorów, przy drogach widzi się konstrukcje, które mają tę samą strukturę: podstawa ma formę kostki, potem jest część okrągła, kulista; potem część stożkowa, trójkątna, ponad którą znajduje się element łuku koła jak rożek księżyca, a on sam ukoronowany ornamentem w kształcie płomienia, który można także porównać do wyprostowanego kciuka albo litery Iod י alfabetu hebrajskiego.

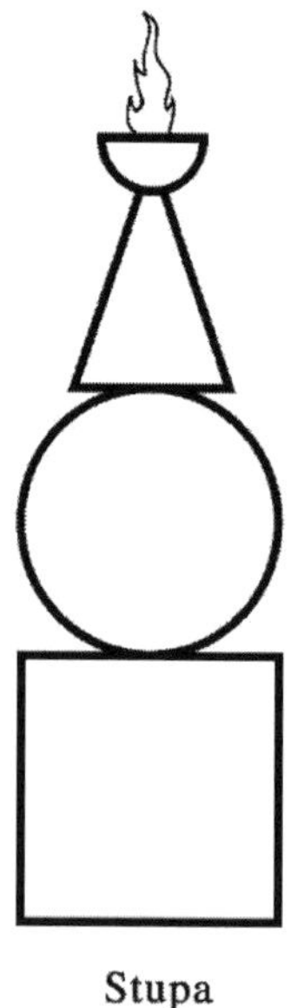

Stupa

Cała wiedza człowieka i wszechświata jest ukryta w strukturze tych budowli. W istocie, te pięć form geometrycznych odpowiada według tradycji tybetańskiej pięciu elementom: kostka – ziemi, kula – wodzie, stożek – ogniowi, półkole – powietrzu; a płomień – eterowi. Te pięć form i te pięć elementów odpowiada w człowieku pięciu czakrom, ponieważ Tybetańczycy zaadoptowali system pięciu czakr redukując dwa razy dwie czakry do jednej. W ten sposób kostka przedstawia Maladhara i Svadhistana połączone razem, ponieważ obydwa są związane z ziemią, materią najbardziej skondensowaną. Powyżej znajduje się czakra pępkowa Manipura przedstawiona jako koło; potem Anahata, czakra serca przedstawiona jako trójkąt. Najwyżej jest czakra gardła, Visuddha, jest przedstawiona jako księżyc; i dwie ostatnie Ajna i Sahasrara, one także są połączone w jedną figurę, w płomień

Każde z tych pięciu centrów jest siedzibą Dhyani-Buddha lub Buddha medytacji. Są to, zaczynając od centrów niższych: Amoghabhi, Ratnasambhava, Akshobhia, Amithabha i Vairocana. Każda z tych pięciu Dhyani-Buddha ma swoje własne jakości i cnoty. Nazywa się je także Buddhą pięciu mądrości, bo każda cnota jest uważana za mądrość.

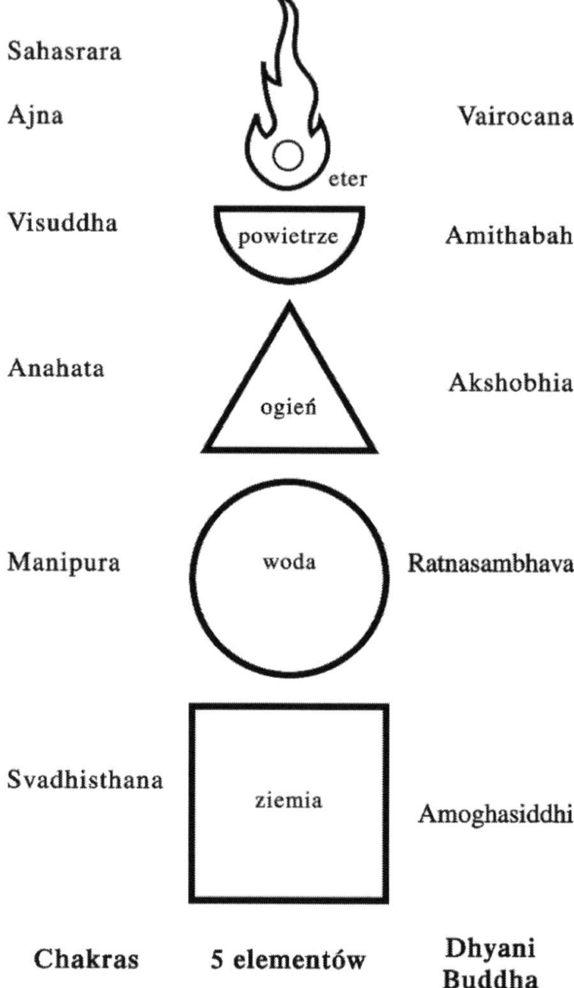
Sahasrara
Ajna
Vairocana
eter
Visuddha
powietrze
Amithabah
Anahata
ogień
Akshobhia
Manipura
woda
Ratnasambhava
Svadhisthana
ziemia
Amoghasiddhi
Chakras
5 elementów
Dhyani
Buddha

Te pięć Dhyani-Buddha są bardzo czczone w Tybecie, ale ponad wszystko czczony jest Buddha Avalokishvar. Według legendy jest on synem Buddy Amithabba i to on pierwszy raz wymówił święte sylaby: OM MANI PADME HUM. Legenda mówi także, że pewnego dnia, kiedy oglądał świat ludzi skonfrontowany z jego cierpieniami i nieskończoną nędzą, owładnęło go tak wielkie współczucie, że jego głowa rozprysnęła się na kawałki. Jego ojciec Budda Amithabba dał mu więc dziesięć głów, do których dorzucił swoją własną, w tym samym czasie z ciała Avalokishvara wyszło tysiąc ramion. Tak więc z jedenastoma głowami i tysiącem ramion jest on przedstawiany jak przychodzi z pomocą ludziom.

Oto w skrócie jak Tybetańczycy, którzy otrzymali taką samą naukę o czakrach jak Hindusi, wyrazili całą tę wiedzę w strukturze ich świętych budowli, która odzwierciedla strukturę człowieka i wszechświata.

Części 2
Czakry Ajna i Sahasrara

Trzeba zawsze podtrzymywać obudzoną część samego siebie; wieczorem, przed zaśnięciem, powinniście pomyśleć o pozostawieniu „kogoś wewnątrz was" w czasie waszego snu. Jezus powiedział: *„Czuwajcie i módlcie się"*. Wielu sadziło, że dotyczy to jedynie czuwania na w planie fizycznym, a więc, biedni, aby zastosować to przykazanie, którego nie zrozumieli dobrze, budzili się w środku nocy wyczerpani walką z sennością, kończąc na rozregulowaniu naturalnego rytmu swojego ciała... Nie, trzeba czuwać na innym planie; w nocy trzeba spać, aby pozwolić odpocząć komórkom ciała, ale równocześnie czuwać na planie duchowym, to znaczy połączyć się z tym, który zawsze czuwa, i nigdy nie śpi...

Całkowicie nieruchomy, niewzruszony, istnieje w każdym z nas ten „czuwający" wiecznie, który wszystko widzi, wszystko rejestruje. Jego siedziba jest między brwiami w czakrze Ajna. Dlaczego mówi się o nim niewzruszony? Ponieważ cokolwiek dzieje się z wami – nie robi nic, aby was uratować. Jeśli przyzwyczailiście się do obserwowania waszego życia wewnętrznego poczujecie, że w najgorszych chwilach ktoś wewnątrz was samych wszystko obserwuje, nieugięcie rejestruje to, co się wydarza, ale nic nie robi, żeby wam pomoc... to nie jest jego rola, a nawet wasze cierpienia wywołują u niego uśmiech. Daremne są błagania; on patrzy, obserwuje, rejestruje... I uśmiecha się.

Żeby móc stać się czujnym, i świadomym, powinniście od czasu do czasu koncentrować się na centrum Ajna między brwiami, identyfikować się z tym wiecznie „czuwającym". A więc nawet pogrążeni we śnie, pozostaniecie zawsze obudzeni: wasze ciało uśnie, ale wasz duch czuwający, obudzony, będzie podróżować, spotykać inne istoty i zgłębiać cudowności wszechświata.

Czakrę Ajna można porównać do oka, do kuli kryształowej, do magicznego lustra. Jej zaletą jest pasywność i kobiecość: w tym lustrze odbijają się wszystkie wydarzenia wszechświata. Dzięki niemu możecie więc wszystko widzieć, ale nie możecie reagować tak jak byście chcieli, nie daje wam ona możliwości ku temu. Ona daje wam wizję, otrzymujecie obrazy, ale nie możecie zmienić ani biegu wydarzeń, ani sił. W tym celu trzeba dotrzeć do ostatniej czakry – Sahasrara, która jest emitująca, dynamiczna, męska i która daje wam możliwość działania. Kiedy siła Kundalini osiągnie czakry Ajna, Wtajemniczony otrzymuje jasną wizję rzeczy, a pomimo to nie jest on wszechmocny: ciągle pozostaje bezbronny, wystawiony na siły przeciwne, miotany między dobrem a złem. Oto, dlaczego powinien iść aż do szczytu: Saharara.

Kiedy wchodzi się do świątyń hinduskich, prawie zawsze można znaleźć symbol *lingam*. Nie jest on niczym innym jak kamieniem poziomym, na którym wznosi się kamień pionowy. Kamień poziomy przedstawia zasadę żeńską, podczas gdy kamień wznoszący się pionowo reprezentuje zasadę męską. Wszyscy wierni, mężczyźni, kobiety, chłopcy, młode dziewczęta modlą się i pochylają z czcią przed tym symbolem, który ozdabiają girlandami kwiatów, ponieważ reprezentuje on pokolenie i płodność ludzi i bogów.

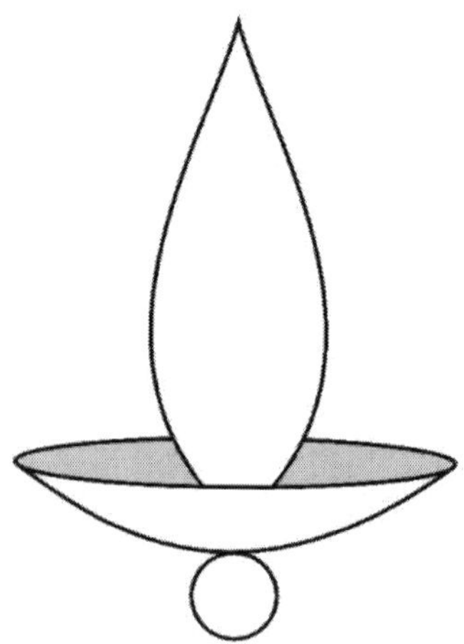

Lingam jest symbolem o wielkiej głębi. Pokazuje, że zasady męska i żeńska nie powinny być rozdzielone, ale połączone. Teraz u ludzi są one rozdzielone. Mężczyźni i kobiety nie potrafią odnaleźć drugiej zasady w nich samych, dlatego szukają jej na zewnątrz i dręczą się, ponieważ jej nie znajdują, albo jeśli ją znajdą, to nie przynosi im pełnego rozwoju. Mężczyźni i kobiety nie mogą znaleźć pełni, szukając jej na zewnątrz, ale jednocząc dwie zasady w nich samych, będąc równocześnie kobietą i mężczyzną. Wówczas nie potrzebują już łączyć się zewnętrznie z istotą uzupełniającą, bo wtedy są całością: posiadają mądrość, siłę i moc mężczyzny i mają czułość, delikatność, czystość i wrażliwość kobiety; oni sami są symbolem *lingam*, nic im nie brakuje, wszystko ich słucha bo potrafią być równocześnie emisyjni i receptywni.

Odnajduje się tę biegunowość męską i żeńską w czakrach Ajna i Sahasrara. Kamień poziomy, zasada żeńska to czakra Ajna, czakra, która otrzymuje, odbiera, odbija. Natomiast druga, kamień pionowy, zasada męska to czakra aktywna, dynamiczna, ta, która tworzy, która planuje: Sahasrara. Kiedy Wtajemniczony potrafi połączyć Ajna i Sahasrara, staje się doskonały, wszechmocny, jest jak Shiva, posiada żywy *lingam*.

Książki tego samego autora w języku polskim

Numer i tytuł tomu:

201 Ku cywilizacji słońca
203 Wychowywanie zaczyna się przed urodzeniem
204 Joga odżywiania
205 Siła seksualna lub uskrzydlony smok
211 Wolność, zwycięstwo ducha
212 Światło, żywy duch
213 Natura ludzka i natura boska (e-book)
214 Przyszłość ludzkości ... miłość-poczęcie-ciąża
219 Centra i ciała subtelne (książka i e-book)
222 Życie psychiczne człowieka (e-book)
223 Twórczość artystyczna i twórczość duchowa
224 Potęga myśli
225 Harmonia i zdrowie
227 Złote reguły codziennego życia
228 Spojrzenia na niewidzialne (książka)
229 Droga ciszy (książka)
230 Niebiańskie miasto, komentarze do Apokalipsy
231 Ziarna szczęścia (e-book)
233 Przyszłość młodzieży (książka)
238 Wiara, która przenosi góry (e-book)
239 Miłość większa niż wiara (e-book)
241 Kamień filozoficzny – od Ewangelii ...
013 Nowa ziemia – Metody, ćwiczenia, modlitwy
514 Myśli dnia (kalendarze w formie książkowej)
308 Święta wielkanocne (broszura)
318 Prawdziwa praca matki podczas ciąży (broszura)
402 Spirytualista w społeczeństwie (próbka lektury)
403 Bądź panem własnego szczęścia (próbka lektury)

* Niektóre międzynarodowe sklepy internetowe zastępują w tytułach książek polskie znaki specjalne ą, ć, ę, ł, itp. literami a, c, e, l itp.

Dystrybutorzy

Polska
Nieznany Świat, Księgarnia-Galeria
ul. Kredytowa 2, 00-062 Warszawa
tel. 827-93-49
www.nieznany.pl

oraz w następujących sklepach:

www.amazon.pl
www.amazon.com
www.virtualo.pl (ebooki)
www.motyleksiazkowe.pl
i wielu innych dystrybutorów

Dalsze informacje na temat autora Omraama Mikhaela Aivanova i jego książek:
www.prosveta.pl

Francja (Wydawca oryginału)
EDITIONS PROSVETA S.A.
Z.A. Le Capitou - B.P. 12
83601 Fréjus Cedex, www.prosveta.com

Niemcy
PROSVETA VERLAG GmbH
Grabenstr. 14, 78661 Dietingen
www.prosveta.de/pl

Austria
HARMONIEQUELL VERSAND
Ulmenweg 8 – 5302 Henndorf
e-mail: info@prosveta.at
www.prosveta.at

Wielka Brytania
PROSVETA, The Doves Nest
Duddleswell Uckfield,
East Sussex TN22 3JJ
e-mail: info@prosveta.co.uk
www.prosveta.co.uk

USA
WELLSPRINGS OF LIFE
404 N Mount Shasta Blvd # 320
Mount Shasta, CA 96067
Tel. 530-918-3391
e-mail: wellspringsoflife@mail.com
www.prosveta-usa.com

Inne kraje
www.prosveta.fr/en/prosveta-around-the-world